JN296563

渡辺顕一郎・
金山美和子 著

家庭支援の
理論と方法

保育
　　子育て
障害児
支援　　虐待
　　　　予防
　　を中心に

金子書房

はじめに

　日本はすでに少子化に伴う人口減少社会に突入し，性別にかかわりなく若い労働力を確保することが課題になっています。近年，男女共同参画社会，ワークライフバランスといった理念の実現だけでなく，現役世代の労働力を確保するためにも，少子化対策などの家族政策の拡充に力点が置かれるように変化してきました。

　日本だけでなく，経済的な発展を遂げてきた欧米などの先進諸国でも，少子化への対応が国家的な課題となっています。そもそも人間は，物理的・物質的に豊かな環境においては，子どもを少なく産んで大切に育てようとする傾向が高まります。親にとって子どもの存在は，家業を支える労働力や跡継ぎとしてではなく，生きがいなどの精神的満足の対象として見なされるようになるからです。また乳幼児の死亡率が低下すれば，医療が発達していなかった多産多死の時代とは違って，子どもを多く産む必要もなくなります。

　家族政策に関する先進諸国の力の入れようには明確な差が見られます。保育・育児休業・児童手当などの拡充に積極的に取り組み，女性（母親）の社会進出を推し進める政策にも力を入れてきた北欧やフランスなどと比較すれば，日本は未だ発展途上の段階と言わざるを得ません。実際，これらの国では日本よりも高い出生率を維持しており，とりわけフランスは出生率が2.0を超えるV字回復を成し遂げた国として，世界的に注目を浴びています。

　各国の取り組みに差が生じてくる理由は様々ですが，影響を与える要因の1つに地政学的な条件の違いがあります。たとえば，スウェーデンは日本の約1.2倍の面積がありながら，人口は約956万人と日本の7％程度しかありません。ヨーロッパの大国であるフランスでも，日本の約1.4倍の国土に対して，人口は日本の半分強の6,558万人にとどまります[1]。日本よりも広い国土がありな

がら，人口がずっと少ない国々では，国の将来を担う子どもたちを社会全体で育もうとする意識が高まります。また，性別にかかわりなく若い労働力を確保することが，経済政策としても重視されてきたのです。

一方で日本は，20世紀の100年間で人口が約3倍に増大し，1980年代には1億2千万人を超える大国となりました。豊富な労働力に支えられながら，戦後には奇跡的な復興と経済成長を成し遂げてきました。しかし，昭和の時代を担ってきた現役世代が高齢化し，少子化に伴う人口減少が始まると，従来型の成長モデルの限界が露呈するようになります。今もなお根強く残る保守的な性別役割分業，子育て世代の女性の就業率の低さ，都市化に伴う子育て家庭の孤立化などが，少子化の要因としてだけではなく，社会保障や経済政策にも影響を及ぼす問題へと変質してきました。

今，日本の社会は，大きな変節点に差し掛かっているように思えます。欧米の先進国に遅れを取りながらも，子育てを専ら家庭（とりわけ女性）に依存するのではなく，子どもを社会全体で育み，子育てを社会的に応援しようとする機運が徐々に高まりつつあります。そして家庭支援の必要性が，こうした考え方の変化を背景に，近年の児童福祉制度の改正にも盛り込まれてきました。

平成24（2012）年には「子ども・子育て支援法」が成立し，幼児教育・保育を含む子育て支援の新しい仕組みと，そのための財政基盤の整備が提示されました。本稿を執筆している時点（2014年11月）において，いわゆる「子ども・子育て支援新制度」の施行時期をにらみ，全国の自治体が関連条例の制定や計画策定などの準備を始めています。

障害児支援に関しては，すでに平成24（2012）年度から，障害者自立支援法（現：障害者総合支援法）及び児童福祉法等の改正に基づく新しい制度体系に移行しています。保護者に対する相談支援の強化，障害児支援施設の再編など，基礎自治体（市町村）を中心とする発達支援や家庭支援の充実が図られています。また社会的養護に関しては，伝統的な施設養護から，施設の小規模化や里親を中心とする家庭的養護への移行が進められています。

本書では，第1章で日本の家族の変遷を捉えた上で，現代社会に求められる

家庭支援の基本的視点や意義について述べます。また，第2章では保育・子育て支援，第3章では障害児支援，第4章では社会的養護に目を向けて，児童福祉の領域別に家庭支援のあり方を考えていきます。最後に第5章では，実践的な観点から，家庭支援の方法論について検討を加えます。

　近年の児童福祉制度の改正や新制度についても本文の内容に組み込むようにしましたが，社会制度のあり方を論じることが本書の目的ではありません。本書のねらいは，家庭の子育てを困難にする要因を当事者（親・子ども）の視点から理解し，地域を核とする家庭支援のあり方やその方法を追求することです。本書が，児童福祉やその隣接領域に従事する支援者にとって，日々の親子とのかかわりの中で利用者理解を深め，効果的な支援を展開するために役立つことを願っています。

　注記
　1）　スウェーデン，フランスのいずれに関しても2013年の統計に基づく数値．

目　次

はじめに　i

第1章　家庭支援の基本的視点 …………………………………………1

第1節　「家族」「家庭」とは　1
1．「家族」「家庭」の定義　1
2．「家族」「家庭」の成り立ち　3
3．家族観の揺らぎ　4

第2節　家庭支援の考え方　6
1．社会福祉における家族の位置づけ　6
2．子ども家庭福祉と家庭支援　7
3．家庭支援の目標　8

第3節　家庭支援をめぐる現代的課題　10
1．女性の生き方の変化　10
2．未婚化・非婚化の進行　12
3．晩婚化・晩産化の進行　14
4．家庭の経済的困窮　15
5．ひとり親家庭　18
6．大規模な災害への対応　19

第2章　保育・子育て支援における家庭支援 ………………………23

第1節　現代社会における子育て支援の必要性　23
1．子育て支援が必要とされる背景　23
2．地域における社会関係の希薄化　25
3．少子化対策と子育て支援　27
4．子育て支援の基本的視点　28

第2節　地域における子育て支援の拠点　31
1．乳幼児期に子育て支援が必要とされる理由　31

2．地域子育て支援拠点とは　32
　　3．地域子育て支援拠点に求められる機能　34
　　4．地域子育て支援拠点における支援者の役割　35
　第3節　家庭支援における保育所の役割　39
　　1．多様化する子ども・子育て支援　39
　　2．保育所に求められる利用者支援　41
　　3．保育所における子育て支援の展望と課題　42
　第4節　家庭における子育てを支える社会資源　44
　　1．社会資源としての教育・保育施設　44
　　2．社会資源としての地域子育て支援事業　50
　　3．その他の社会資源　54

第3章　障害児支援における家庭支援　59

　第1節　障害児支援における家庭支援の必要性　59
　　1．障害児支援における家族の位置づけ　59
　　2．家族のライフサイクルを見通した支援　60
　　3．家庭生活における困難　62
　第2節　障害児福祉制度と家庭支援　65
　　1．障害児福祉制度の改革　65
　　2．障害児支援における計画相談　67
　　3．児童発達支援の機能と役割　68
　第3節　障害児支援と子育て支援の連携　69
　　1．幼児期からの社会経験の積み重ね　69
　　2．乳幼児期の早期発見・早期対応　71
　　3．障害児支援における子育て支援の役割　72
　　4．地域の連携を高める　74
　第4節　発達障害児に対する「気になる」段階からの支援　76
　　1．就学前施設における早期支援の課題　76
　　2．子どもの発達を急がない　78
　　3．子育てにゆとりを保障する　79
　　4．個別事例に対応したコンサルテーション　80
　　5．ペアレント・トレーニング　82
　第5節　障害児と家族の地域生活を支える社会資源　83

1．相談支援　　84
　　　2．居宅サービス　　85
　　　3．通所サービス　　85

第4章　児童虐待の予防と家庭支援 …………………………………… 89

第1節　家庭支援における予防的視点　　89
　　　1．児童虐待防止対策における予防的支援　　89
　　　2．身近な支援者の存在　　91

第2節　児童虐待の現状と背景要因　　92
　　　1．児童虐待は増加しているのか　　92
　　　2．児童虐待の現状　　94
　　　3．児童虐待の背景要因　　97

第3節　社会的養護と家庭支援　　100
　　　1．社会的養護をめぐる動向　　100
　　　2．家庭的養護の推進　　102

第4節　社会的養護における子育て支援の役割　　104
　　　1．地域子育て支援拠点を中心に対応した事例　　104
　　　2．児童館を中心に対応した事例　　106

第5章　家庭支援の方法 ……………………………………………………… 111

第1節　子育て家庭に対する相談支援　　111
　　　1．親子にとって身近な場所での相談支援　　111
　　　2．利用者理解とアセスメント　　113

第2節　家庭支援の方向性　　116
　　　1．家庭支援の目標　　116
　　　2．資源の活用とケースマネジメント　　119
　　　3．地域のネットワークに基づく包括的な支援　　121

おわりに　　125

第1章　家庭支援の基本的視点

　人間にとって家族は普遍的な存在ですが，家族形態や家庭生活のありようは一定ではなく，社会情勢や環境からの影響を受けつつ変化しています。その反対に，家族に生じる変化が，政治や社会制度に影響を与える側面もあります。

　少子高齢化に象徴される現代的な社会問題は，その一因として，家族自体が急速な変化を遂げてきたにもかかわらず，社会制度がその変化に対応できていない現状を反映しています。なかでも社会福祉制度は，伝統的な家族観から長らく脱却できず，家族を支援の対象として捉えきれていませんでした。

　近年，児童福祉分野を中心に家庭支援の必要性が認識され，子育て家庭に対する施策の拡充が図られています。本章でははじめに，「家族」「家庭」の定義や成り立ちを踏まえた上で，家庭支援の基本的な考え方について述べていきます。

第1節　「家族」「家庭」とは

1．「家族」「家庭」の定義

　「家族」とは，親族から成る小規模な共同体を指し，「家庭」は家族の生活の場（家）をも含む概念として捉えられることが一般的です。ただし，いずれも多義的に使用される言葉であり，「これが正解」といった唯一の定義が存在するわけではありません。

　森岡清美は，家族を「夫婦・親子・きょうだいなど少数の近親者を主要な成員とし，成員相互の深い感情的かかわりあいで結ばれた，幸福（well-being）

追求の集団」と定義しています[1]。このように家族には，感情的な結びつきを基礎として互いに支えあい，よりよい生活や幸福を追求しようとする働きが備わっています。

　他方，家族に類似する概念として「世帯」があります。世帯とは「住居と生計を共にする者」を指し，住民票や生活保護などの基礎となる制度的単位です。たとえば，漫画『サザエさん』を例に，家族と世帯の違いについて考えてみます。

　図表1に示すように，サザエさん一家は磯野家・フグ田家の二世帯が同居する親族集団です。同じ屋根の下に住んでいても，サザエさんは結婚して「フグ田」の姓を名乗っていますから，世帯は別に構成されていると考えるのが一般的です。つまり，波平さんの収入によって生計を維持する「磯野家」，マスオさんの収入によって生活する「フグ田家」という捉え方です。

　一方，もしもタラちゃんに「あなたの家族は誰ですか」と尋ねてみれば，マスオさんとサザエさんだけではなくて，磯野家のみんなを含めて「僕の家族です」と答えるかもしれません。同様に，磯野家のメンバーに尋ねてみても，フグ田家を含めて「家族です」と答えるだろうと想像できます。このように家族は，制度の規定によって区分される世帯とは異なり，個人の主観によって影響を受けやすいという特徴があります。つまり，個人が「家族」と認識する範囲

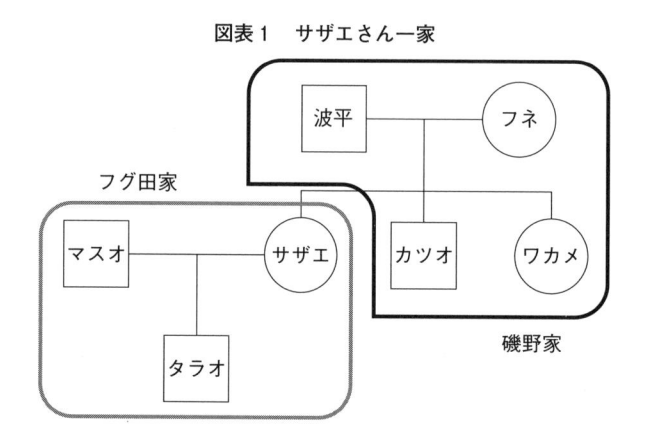

図表1　サザエさん一家

は，単なる親族関係のみでなく，成員相互の感情的な結びつきの強さによっても規定されるのです。

家族関係においては，嬉しい，楽しい，愛おしいなどの肯定的な感情だけでなく，悲しい，嫌い，憎いなどの否定的な感情の交流や対立が起こる場合もあります。このように多様な感情の交流によって結びついているのが家族の実の姿であり，それゆえに互いに無関心ではいられない存在であるともいえます。

以上より本書では，家族を「共に生活する中で形成されてきた特有の関係性に基づく近親者の集団」と定義します。また，家族が生活する場所としての「家」，そこで日々繰り返される生活の営みをも包含する概念として「家庭」という用語を使用することとします。

2．「家族」「家庭」の成り立ち

それでは，現代の日本における「家族」や「家庭」は，どのようにして成立してきたのでしょうか。ここではおもに近代から現代まで（明治時代以降）の歴史をたどってみます。

日本の伝統的家族は「イエ」と呼ばれます。イエは，1人の子（多くは長男）が結婚後も親と同居することを原則とする家族です[2]。そして，このパターンを繰り返すことによって，家族に属する財産・職業・社会的地位などが世代を超えて引き継がれてきました。このような家族形態を「直系家族」といいます。

明治時代の旧民法においては，直系家族を軸とする家族制度が成立しました。これは「家（イエ）制度」と呼ばれ，家族員の居所の指定，結婚・養子縁組の同意権などの権限を戸主に与え，家系の存続を図るものでした。こうして家族は戸主の統率の下，財産を守り，職業（家業）を引き継ぎ，共同体を形成してきました。現代のように社会保障が発達していない時代ですから，老親の扶養や介護も欠くことのできない家族の役割であったといえます。

戦後，太平洋戦争の敗戦を契機に，家制度は廃止され，日本の家族は新しい

局面を迎えることになります。たとえば，現在の民法においては，財産を相続する権利は配偶者及び子に対して公平に保証されていますし，結婚は本人同士の合意によってのみ成立します。また，核家族化が進行するにつれて，直系家族が次第に少数派となり，代わって「夫婦家族」が台頭してきました。夫婦家族とは，子が親と同居せずに独立していく家族であり，夫婦の死亡によって消滅する1代限りの家族形態です。

　以上のような歴史の流れの中で，家族の生活の場である「家庭」の営みも大きく変化してきました。かつては家庭において日常的に行われていた老親扶養・介護・子育てなどを，現代の核家族では家族員だけでは担いきれず，家庭内で完結させることが難しくなってきました。こうした変化に呼応するように，老人ホームや保育所などが社会的に整備され，伝統的な家庭の営みが外部化されてきたことが，現代の家族をめぐる特徴的な変化の1つであるといえます。

3．家族観の揺らぎ

　経済システムや社会保障制度が発達していなかった時代には，親族間で職業を引き継ぎ，老親扶養や介護なども世代交代的に担当することが重要であったと考えられます。その反面，かつてのイエにおいては，男性とりわけ長男に家族内の権限が集中していたため，性別や出生順位による不平等や不公平感を生み出してきた側面もあります。

　たとえば家制度の下では，女子は結婚すれば，実親の財産の相続権がないばかりか，嫁として夫やその親族に従属する立場に置かれ，夫の死を看取るまで寄り添っても遺産相続の権利すら十分に保証されていませんでした。このように家族員は個人の意思や欲求よりも，イエの存続を第1として行動することが求められてきました。

　他方，戦後の核家族に代表される夫婦家族では，子はいずれ独立して巣立っていきますし，夫婦が死亡すればその家族は消滅します。家系の存続や財産・職業などの継承が重視されない夫婦家族では，個々の家族員の意思がより重視

され，家族は個人の幸福を実現する手段として考えられるようになってきました。望月嵩は，このような変化を「家族中心主義から個人中心主義への家族観の移行」と捉えています[3]。

　ただし，個人を中心とする家族観が定着してきた一方で，実態としては現代もなお多様な家族形態が存在します。また，現在の社会制度においても，かつて主流であった直系家族を基本とする伝統的な価値観が窺えます。

　たとえば，戦後に成立した現在の民法においては，「直系血族及び兄弟姉妹は，互いに扶養をする義務がある」と規定されています。これ以外にも，特別な事情がある場合には，家庭裁判所は3親等内の親族間においても扶養の義務を負わせることができます。生活保護制度はこの扶養義務を前提としており，扶養義務者から援助を受けてもなお最低限の生活を営むことができない場合に保護を受けることができます。

　欧米の先進国においても各国の社会制度に沿って扶養義務がありますが，その範囲は夫婦間と未成年の子どもに限っている場合が多く，親や兄弟姉妹に対してまで扶養義務がある国はあまり見られません[4]。このように，日本の社会制度の特徴の1つとして，今もなお血縁関係を軸に親族が助け合うことへの要求度が高いといえます。

　現代の日本の家族は，個人主義的な家族観が主流となる一方で，社会制度や文化的背景に伝統的な価値観が根強く残っており，実態としても個人中心主義と家族中心主義の間で揺れ動いているように思えます。こうした価値観の揺らぎが，欧米の先進国と比較した場合の女性の就業率の低さ，保育や育児休業制度の不備など，子育てをめぐる様々な課題にも影響を与えていると考えられます。

第2節　家庭支援の考え方

1. 社会福祉における家族の位置づけ

　従来から「家族は福祉の"含み資産"」と言われてきたように，日本の社会保障・福祉制度は家族を中心とする親族間の助けあいを前提とし，それが難しい場合に公的な支援を実施してきました。見方を変えるなら，日本の福祉制度において家族は，子どもの養育や老親の介護等を担う福祉の「担い手」として位置づけられ，支援の「対象」として見なされることが少なかったといえます。

　1980年代以降，少子高齢化が社会問題として認識され，家族介護や子育てをめぐる問題が顕在化するにつれて，国家的な対策の必要性が論じられるようになりました。それ以前から，高齢者福祉分野では「寝たきり老人」などの問題が取り上げられ，すでに家族介護の限界が指摘されていましたが，積極的な対策は講じられてきませんでした。

　1990年代に入ると在宅福祉サービスの整備が徐々に進められる中で，「家族支援」という概念が登場してきます。藤崎宏子は家族支援について「障害者や要介護高齢者などの福祉対象となる個人のみならず，かれらの家族に対する福祉的支援をも積極的に行っていこうとする理念とこれに基づく政策・実践をあらわしている」と述べています[5]。

　2000年代には，介護保険制度の創設や障害者自立支援法（現：障害者総合支援法）などの動向とともに，児童福祉制度も改正が重ねられてきました。いずれにも共通する制度上の変更点の1つが，措置制度から契約利用への移行が図られたことです。こうして福祉サービスの利用に関しては，従来よりも個人の意思決定が尊重されるようになり，家族（家族介護者・養育者など）の意向が反映される余地も広がってきたといえます。

　また，児童福祉分野では，1990年代以降の少子化対策に基づいて「子育て支援」が推進されてきたことが，他の福祉分野には見られない大きな特徴です。子どもを対象とするだけでなく，子どもを産み育てる親への支援が政策的に位

置づけられ，保育サービス，児童手当，地域子育て支援拠点などの拡充が進められてきました。

このように近年では，介護分野や子育て支援などを中心に，高齢者や子どもだけでなく，その家族を支援するという観点から福祉サービスの整備・拡充が図られてきました。つまり，家族は単に福祉の担い手ではなく，ようやく支援の対象として見なされるようになってきたといえます。しかしながら一方で，拡大する福祉ニーズに対してサービスの供給が追いつかず，介護施設の待機高齢者や保育所の待機児童が解消されないなど，現実的な課題も残されています。

2．子ども家庭福祉と家庭支援

児童福祉分野における最近の動向として捉えておきたいのは，「子ども家庭福祉」という概念が提唱されるようになってきたことです。子ども家庭福祉とは，子どもを直接のサービスの対象とする児童福祉の視点を超え，子どもが生活し成長する家庭をも福祉サービスの対象として認識していこうとする考え方です[6]。

日本の社会福祉制度は，従来から高齢者福祉，障害者福祉，児童福祉というように対象者別に分野が区切られています。それゆえに，いずれの分野でも個人の問題への対応が重視され，家族はむしろ問題の背景に押しやられる場合が少なくありませんでした。また，問題解決に際してまずは家族の自己解決を期待し，家庭生活が維持できないほど問題が重篤な場合に，福祉サービスの対象としてきました。この点について牧里毎治は，従来型の福祉サービスは事後処理的であり，問題の発生を予防することに力点を置いてこなかったと指摘しています[7]。

他方，海外に目を移すと，伝統的に政府が家庭への不介入主義の立場をとり，積極的な家族政策を打ち出してこなかったアメリカでは，民間の組織・団体の活動を中心にソーシャルワーク（社会福祉実践）が発達してきました。従来からソーシャルワークにおいては，「全体としての家族」（family as a whole）が

重視され，その一領域としてファミリー・ソーシャルワークが成立してきた歴史もあります。

さらにアメリカやカナダでは，ソーシャルワークや心理学などを基礎として，1980年代に「ファミリーサポート」（family support）が体系化され，子育て家庭に対する包括的な支援が展開されるようになりました。ファミリーサポートは「子育て支援」と類似する概念ですが，少子化対策に位置づけられてきた日本の子育て支援とは異なり，予防に重点が置かれているのが特徴です[8]。

先述のように日本では，1980年代以降，高齢者介護や子育てをめぐる社会問題が顕在化するにつれて，従来型の社会福祉制度が現実の家族・家庭生活の変化に対応できていないことが明らかになってきました。こうして制度の限界が露呈する中で，家族を社会的に支援する必要性が広く認識されるようになり，児童福祉分野では新たに「子ども家庭福祉」が誕生してきたといえるでしょう。

本書では，社会福祉分野における「子ども家庭福祉」を，児童福祉と家庭支援を一体的に推進しようとする政策・実践領域として位置づけます。その上で家庭支援については，児童福祉分野の各般の問題について，おもに子どもを育てる親への支援を行うことによって，家庭生活の維持・安定を目的とする政策・実践の総称として捉えます。

3．家庭支援の目標

前項で，家庭支援の目的を「家庭生活の維持・安定」と説明してきましたが，ここでは家庭支援が何を目指すのかについて，さらに考察を加えていきます。図表2は，社会福祉分野に共通する支援の目標を表しています。ピラミッド状の三角形の図は，上段にいくほど高次元の生活欲求に対応する目標を示しています。

まず，三角形の底部を構成するのは最低生活保障の原理です。この根幹を成すのが，日本国憲法第25条の「生存権」の規定です。生存権とは「健康で文化的な最低限度の生活を営む権利」を指し，憲法には生存権保障に関する国の義

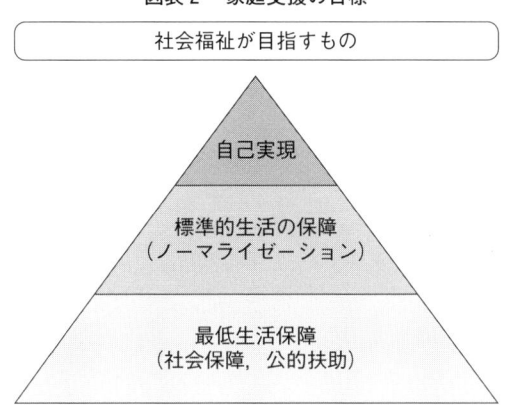

図表2　家庭支援の目標

社会福祉が目指すもの

- 自己実現
- 標準的生活の保障（ノーマライゼーション）
- 最低生活保障（社会保障，公的扶助）

務も規定されています。公的な社会保障・社会福祉制度は，この生存権の理念に基づいて，国民の最低生活保障を実現する手段として成立し存続してきたともいえます。

　年金・医療・介護などの社会保障が整備され，生活保護等のセーフティーネットが用意されていることは，人々が安心して社会生活を営むために必要不可欠な条件です。しかし，個人の社会生活において，最低限度の生活さえ保障されていれば幸福であるかと問われれば，必ずしもそうではありません。人間には最低限度を超えて，標準的な，普通の生活を指向する欲求があります。かつて障害福祉分野に端を発し，今では社会福祉分野の共通理念となった「ノーマライゼーション」は，誰もが標準的な生活を営むことができる社会を理想とする考え方です。

　さらに社会福祉が目指すものの上位には，個人の自己実現があります。自己実現の欲求とは，未だ実現されない自己の可能性を最大限に成就したいという欲求です。たとえば，標準以上の生活を送ってさえいれば人間が幸福であるならば，うつなどの精神疾患，引きこもり，自殺などの社会問題が，経済的に裕福な所得層を含めてあらゆる階層で発生する理由が説明できません。自己実現は基本的な欲求であるがゆえに，誰もが自分らしい生き方を追求し，それが難しい場合には深い悩みや葛藤を経験します。そのような意味で，自己実現を側

面的に支えることも，社会福祉の重要な目標として位置づけることができます。

これまで述べてきた社会福祉の目標に沿って考えるならば，家庭支援が目指すものは，①最低限度の家庭生活の保障，②標準的な家庭生活の保障，③家庭生活における個人の自己実現の3つのレベルに分けることができます。支援を行う場合には，各々の家庭においてどのレベルの問題が生じているかを見極め，そこから問題解決を図る必要性がありますが，究極的には個人の自己実現を目指すことになります。

本書での家庭支援の捉え方は，家族集団そのものの存続を第1としてきた伝統的な価値観ではなく，個を基本とする現代的な家族観に立脚しています。家庭生活においては，家族の続柄・出生順位・扶養関係・性別などにかかわりなく，家族員が平等に尊重され，自らの生き方を主体的に選択できることが大切です。家族の自助・互助を大切にしつつも，家族集団の力学によって個人の意思や欲求が抑圧されないように支援することを基本とします。

第3節　家庭支援をめぐる現代的課題

本節では，家族形態や家庭生活の変化を踏まえつつ，家庭支援をめぐる現代的課題について考えていきます。とりわけ，子どもの出生や育ちに影響を与える問題に着目して考察を進めることにします。

1．女性の生き方の変化

日本の女性の就業率は，欧米等の先進諸国と比べて相対的に低く，とりわけ子育て期の母親に相当する20代後半から30歳代の有配偶女性の就業率の低さが際立っています。出産前後に仕事を退職し，子どもが幼い時期に「専業主婦」になる母親が多いのです。図表3は，結婚または第1子の出産後も仕事を継続する女性の割合を示しています。グラフに表れているように，結婚後に仕事を継続する割合は上昇傾向にありますが，出産による継続割合は過去25年間でほ

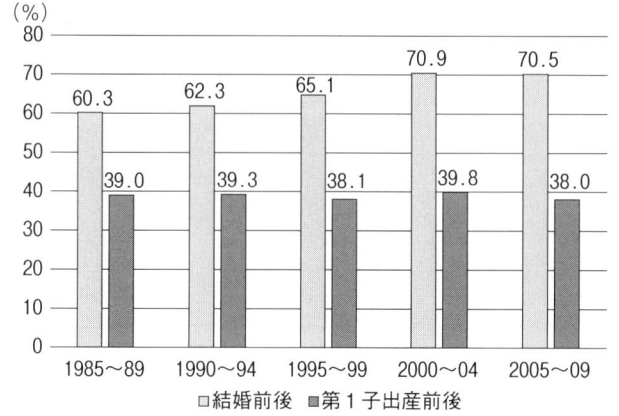

図表3　結婚・出産前後の妻の就業継続割合

期間	結婚前後	第1子出産前後
1985〜89	60.3	39.0
1990〜94	62.3	39.3
1995〜99	65.1	38.1
2000〜04	70.9	39.8
2005〜09	70.5	38.0

（資料：国立社会保障・人口問題研究所「第14回出生動向基本調査　結婚と出産に関する全国調査　夫婦調査の結果概要」に基づき筆者が作図）

とんど変化していません。

「専業主婦」という言葉が定着したのは，日本の産業化が急速に進んだ1960〜70年代であったと言われています。女性の専業主婦化が進んだ理由は2つあります。1つは，子育てに関して親族や地域の協力が得られなくなったために，家庭の中でもっぱら子育てを担当する役割が必要になったこと。2つ目は，その役割を男女のどちらが担うかとなれば，子どもを産める女性のほうが適切だと考えられたことです。こうして，女性は子どもを産み育て，男は働いて生活の糧を確保するという保守的な性別役割分業が定着しました。

しかし，1970年代に男女平等を訴える運動が活発になり，女性の高等教育の機会が進むにつれ，「男女共同参画社会」の実現が社会的課題になってきました。1986年には男女雇用機会均等法が施行され，その後の少子化対策においては「ワーク・ライフ・バランス」（仕事と家庭生活の調和）の実現が政策目標として掲げられるようにもなりました。

実際，女性の4年制大学への進学率は，図表4に示すように過去30年間で約3.7倍に増加しています。義務教育段階から男女は平等と教えられ，高等教育

図表4　4年制大学への現役進学率

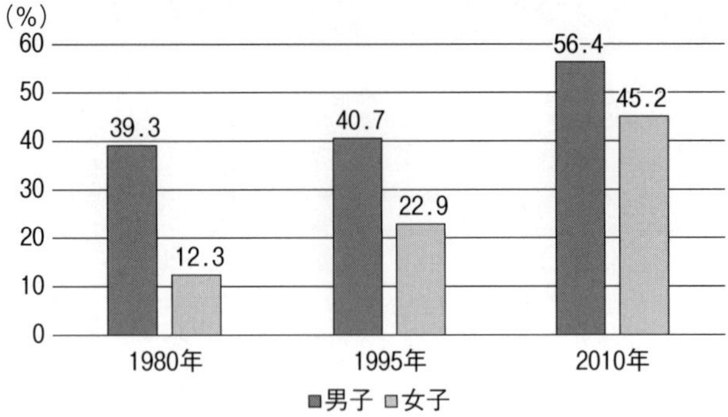

	1980年	1995年	2010年
男子	39.3	40.7	56.4
女子	12.3	22.9	45.2

（資料：文部科学省「学校基本調査」に基づき筆者が作図）

　を経て高度な知識や専門性を有する女性が次々に輩出されているのです。社会で活躍したいと希望するのは当然です。

　ところが今なお，女性が子育てをするようになると，育児休業が十分に取得できない，保育所が定員いっぱいで入れないなど，自分の力だけでは解決できない問題が起こってきます。一方，仕事を退職して専業主婦になれば，家事と育児だけの孤立した生活の中に陥る傾向が高まっています。

　現代社会においては，自己実現を阻む様々な壁に行く手をふさがれ，息苦しさや閉塞感を感じる女性（母親）が増えているといえるでしょう。家庭支援においては，ジェンダーの視点から，家庭生活のあり方を見つめなおすことがますます重要になっています。

2．未婚化・非婚化の進行

　近年，結婚をめぐる状況が大きく変化してきました。「婚活」なる言葉がブームとなり，熱心に「活動」しなければ，なかなか結婚できない……そんな時代が来ています。実際，2010年の生涯未婚率（50歳で未婚の割合）は，男性で20.14％，女性で10.61％に達しており，男女ともに増加の一途をたどっています[9]。こうした未婚化・非婚化の進行は，少子化の一因にもなっています。

全国の未婚の男女約3,300人が回答した「現在結婚していない理由」に関する調査結果が『平成22年版子ども・子育て白書』に掲載されています（図表5参照）。図表に示すように，性別・年代を問わず，「適当な相手にめぐり合えないから」がトップです。ただし，それ以下の理由については男女で違いがあります。

 男性の場合，年代に関係なく「結婚資金が足りないから」「結婚後の生活資金が足りないと思うから」など，経済的な理由が上位を占めます。これに対して女性では，「自由や気楽さを失いたくないから」「趣味や娯楽を楽しみたいから」が，どの年代でも5位以内に入っています。また，女性のほうが，結婚する「必要性を感じないから」が，年代が高いほど顕著に現れてきます。

 この結果からは，いわゆる「家族を食わせていく自信がない男性」「家庭に縛られたくない女性」という特徴が見えてきます。経済的自立という意味では，現代では未婚女性の多くが働いて収入を得ています。むしろ，結婚・出産を経て，育児を始めてからのほうが仕事を続けられなくなり，配偶者の収入に依存

図表5　結婚していない理由（未婚者：性／年代別）

		N	1位		2位		3位		4位		5位	
男性	20代	637	適当な相手にめぐり合わないから	47.3	結婚資金が足りないから	33.1	結婚後の生活資金が足りないから	32.5	まだ若すぎるから	31.7	自由や気楽さを失いたくないから	28.3
	30代	568	適当な相手にめぐり合わないから	61.1	結婚後の生活資金が足りないから	40.3	結婚資金が足りないから	35.0	自由や気楽さを失いたくないから	26.8	異性とうまくつきあえないから	25.2
	40代	538	適当な相手にめぐり合わないから	59.1	結婚後の生活資金が足りないから	34.4	自由や気楽さを失いたくないから	32.3	必要性を感じないから	28.6	結婚資金が足りないから	26.0
女性	20代	548	適当な相手にめぐり合わないから	52.7	自由や気楽さを失いたくないから	36.1	趣味や娯楽を楽しみたいから	31.4	結婚後の生活資金が足りないから	30.7	結婚資金が足りないから	27.4
	30代	538	適当な相手にめぐり合わないから	65.1	自由や気楽さを失いたくないから	37.5	必要性を感じないから	29.2	結婚後の生活資金が足りないから	25.7	趣味や娯楽を楽しみたいから	21.0
	40代	493	適当な相手にめぐり合わないから	58.6	必要性を感じないから	44.6	自由や気楽さを失いたくないから	37.1	趣味や娯楽を楽しみたいから	17.4	異性とうまくつきあえないから	12.6

（出典：内閣府「平成22年版子ども・子育て白書」p.87，より作成）　　　　（％）

せざるを得なくなります。

　男性に経済的自立を求めるならば，近年の厳しい経済状況の下，年齢に沿ってオートマチックに（かつての年功序列のように）収入が上がる見通しが立たない以上，1人で暮らすほうが無難です。子どもが産まれ，育っていけば，それだけ出費もかさむからです。自分の収入だけでは家族が生活できない可能性もあります。

　現代は，結婚・出産・育児とライフステージが進むにつれて，男女ともに経済的自立が難しくなる時代だといえます。かつての高度経済成長期のように，「男は働き，女は家事・育児に専念する」といった性別役割分業は，現代の家庭生活にはマッチしなくなっています。保守的な性別役割分業に縛られない新しい家庭モデルを追求しなければ，今後も家庭を持つことに踏み切れない若者が増え続けるかもしれません。

3．晩婚化・晩産化の進行

　結婚をめぐる事情の変化は，家族を構成する年齢層にも影響を与えています。幼い子の親＝若い親といった従来のイメージでは捉えられなくなっているのです。落合恵美子は，平均初婚年齢のばらつきが大きくなり，適齢期規範がゆるみ，家庭にこもる時期は人により20代前半だったり30代半ばだったりと各人各様になっていると述べています[10]。

　晩婚化とともに晩産化が進み，第1子出生時の母の平均年齢は，1975年では25.7歳でしたが，2013年は30.4歳に達しています[11]。図表6のとおり，出生数を母の年齢（5歳階級）別に見ると，平成25（2013）年の出生数は，14歳以下及び20～34歳の各階級では前年より減少していますが，15～19歳及び35歳以上の各階級では前年より増加していることがわかります。つまり「親」になる年齢層が幅広くなっているのです。20歳未満で出産する人もいれば，40歳を過ぎて出産する人もいます。管理職になった40代で第1子を出産し，子育てと同時に老親介護が始まるといったケースも決して珍しくはありません。

第1章　家庭支援の基本的視点　15

図表6　母の年齢（5歳階級）別にみた出生数の年次推移

母の年齢	出生数				対前年増減		
	平成22年	平成23年	平成24年	平成25年	23～22年	24～23年	25～24年
総　数	1,071,304	1,050,806	1,037,231	1,029,800	△20,498	△13,575	△7,431
～14歳	51	44	59	51	△　7	15	△　8
15～19	13,495	13,274	12,711	12,912	△　221	△　563	201
20～24	110,956	104,059	95,805	91,247	△6,897	△8,254	△4,558
25～29	306,910	300,384	292,464	282,790	△6,526	△7,920	△9,674
30～34	384,385	373,490	367,715	365,400	△10,895	△5,775	△2,315
35～39	220,101	221,272	225,480	229,736	1,171	4,208	4,256
40～44	34,609	37,437	42,031	46,547	2,828	4,594	4,516
45～49	773	802	928	1,069	29	126	141
50歳以上	19	41	32	47	22	△　9	15

注：総数には母の年齢不詳を含む。
（資料：厚生労働省「平成25年人口動態統計月報年計（概数）の概況」p.5.）

　こうした変化に伴い，祖父母世代の年齢層も次第に幅広くなってきました。40代の働き盛りの祖父母もいれば，70代，80代以上で初孫が生まれる人もいます。とりわけ晩婚晩産化に伴う祖父母世代の高齢化は，子どもを産み育てる親世代にとっては，世代を超えて育児の手助けを得ることを難しくさせます。祖父母世代の高齢化が進むほど，孫の面倒を見るよりも，祖父母自身が日常生活において介護等の手助けを必要とする可能性が高くなるからです。核家族化によって祖父母が身近にいない家庭が増えてきたというだけでなく，祖父母世代の高齢化に伴い，同居の親族間でも子育ての支えを得ることが難しくなっているといえるでしょう。

4．家庭の経済的困窮

　厚生労働省が相対的貧困率を公表した2009年頃から，子どもの貧困については広く認識されるようになっています。相対的貧困率とは，等価可処分所得の貧困線（中央値の半分）に満たない世帯員の割合を指します。
　厚生労働省「平成25年国民生活基礎調査の概況」によれば，子どもの貧困率

は昭和60 (1985) 年では10.9%でしたが，平成24 (2012) 年では16.3%に上昇しています。これは，約6人に1人の子どもが貧困状態にあることを示しています。とりわけ深刻な問題は，ひとり親家庭の貧困率の高さです。図表7からも明らかなように，子どもがいる現役世帯の相対的貧困率は2012年で15.1%ですが，そのうち「大人が一人」の世帯の相対的貧困率は54.6%という高い比率になっています。

また，子育て世代の所得の伸び悩みも深刻です。たとえば図表8に示すように，30代の収入に目を向けると，1997年には年収500～699万円の雇用者の割合が最も多かったのですが，2012年には300万円台の雇用者が最も多くなっています。いわゆる「子育て世代」の所得分布は，1997年から2007年の10年間で低所得層にシフトし，2012年には更に高所得層が減少し100万円台から200万円台

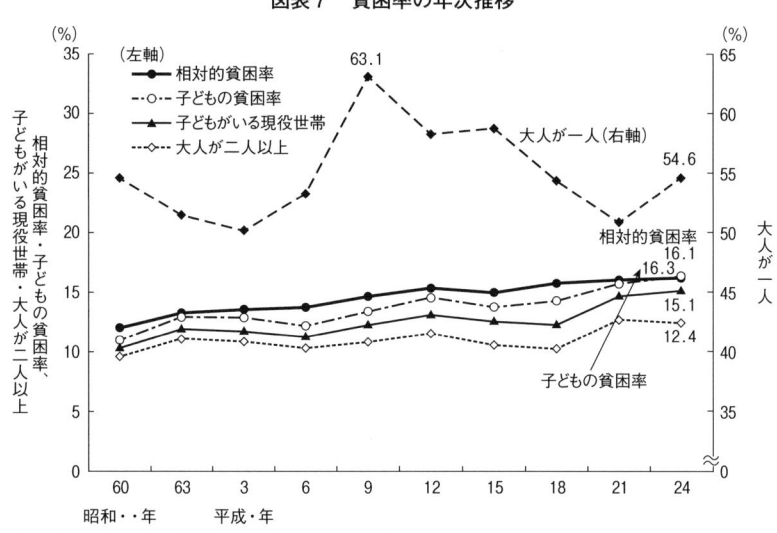

図表7 貧困率の年次推移

注：1) 平成6年の数値は，兵庫県を除いたものである。
　　2) 貧困率は，OECDの作成基準に基づいて算出している。
　　3) 大人とは18歳以上の者，子どもとは17歳以下の者をいい，現役世帯とは世帯主が18歳以上65歳未満の世帯をいう。
　　4) 等価可処分所得金額不詳の世帯員は除く。
（出典：厚生労働省「平成25年国民生活基礎調査の概況」p.18.）

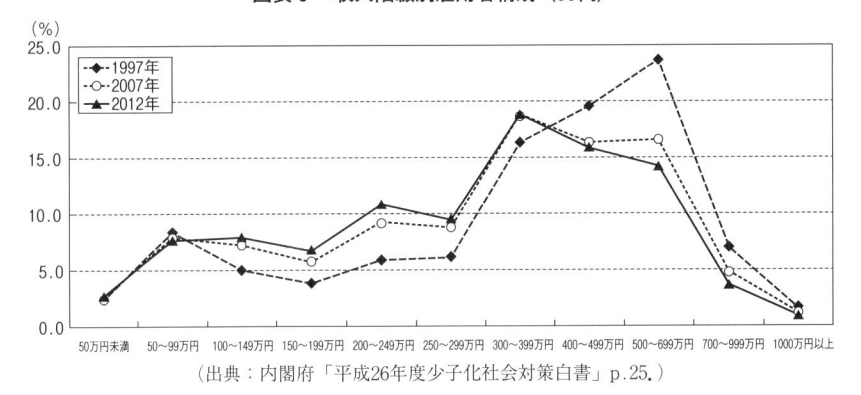

図表8　収入階級別雇用者構成（30代）

（出典：内閣府「平成26年度少子化社会対策白書」p.25.）

が増加しています。

　家庭の経済状況は，必ずしも家族員の幸福感や生活の質に直結するものではありませんが，家庭生活に影響を与える一要因であることは否めません。たとえば，親の所得が高いほど，子どもの学力が高い傾向を示す調査結果が報告されています[12]。また，健康面においても，経済的な事情で任意の予防接種を受けず子どもが伝染病に罹患しやすくなったり，病気やけがをしても十分な治療が受けられなかったりする事例が散見されます。

　子ども時代の貧困の経験が，成人後の生活のありように影響を与えるリスクを示唆する研究もあります。たとえば阿部彩は，欧米諸国のデータから，子ども期の貧困の経験が，子どもが成人となってからの様々な状況（学歴，雇用状況，収入，犯罪歴など）に関係していることを指摘しています[13]。

　家庭支援の観点からだけでなく，子どもの最善の利益を保障するためにも，子育て家庭に対する経済的支援の必要性が高まっています。2013年6月には「子どもの貧困対策の推進に関する法律」が成立し，貧困の状況にある子どもの健全育成や教育の機会均等などを柱とする基本方針が定められました。しかしながら，具体的な制度・政策の推進に関しては，今後の進捗状況を注意深く見守る必要があります。家庭支援においても，家庭の生活基盤である経済的側面に目を向けて，親の就労支援や生活支援などに取り組むことが求められてい

ます。

5．ひとり親家庭

　先述のように，ひとり親家庭の貧困率の高さは，社会問題としても認識されるようになっています。厚生労働省による平成23（2011）年度全国母子世帯等調査によると，母子世帯数は推計123万8千世帯，父子世帯数は22万3千世帯に達し，約8世帯に1世帯がひとり親世帯という割合になっています。

　同調査によれば，母子世帯の平均年間収入は291万円で，国民生活基礎調査による児童のいる世帯の平均所得を100として比較すると，44.2となっています[14]。母子世帯の経済状況は先進諸国との比較においても深刻な問題であり，とりわけ日本の母子世帯は，有業者であっても相対的貧困率が高いという特有の状況が見られます。母子世帯の就労率は8割を超えているのですが，子育てとの両立等の理由により，選べる職種として非正規雇用が多くなりがちなことが影響を及ぼしています[15]。複数のパートやアルバイト等を掛け持ちして生計を立てている人も多く，いわゆる「ワーキングプア」の状態にある人が少なくないのが現状です。

　また，母親が複数の非正規就労に従事する場合，長時間家庭を不在にする傾向が高くなり，子どもの世話や家事を行う時間を確保することが難しくなります。父子世帯でも同様に，夫婦2人で育児・家事を分担できないため，仕事に追われるほど家庭に親が不在になりがちです。親自身が助けを必要としていても，社会的支援に関する情報が不足していたり，日々の忙しさのためサービスの利用につながらない場合があります。

　ひとり親家庭に対する雇用政策や経済的支援の拡充は必須ですが，仕事と家庭生活の両立支援も重要です。各種の保育サービスに関する情報のほか，母子家庭等日常生活支援事業，ひとり親家庭生活支援事業，児童扶養手当などの各種施策に関する情報を確実に届け，必要に応じて利用に結びつけることが大切です。

また，家事・育児の分担や心理的な負担を分かちあえるパートナーが不在であることも，ひとり親家庭に共通する課題です。日常生活の悩みや不安を気軽に相談できるように，親同士の自助グループやピアサポートなどの支援も必要とされています。

6．大規模な災害への対応

1995年に発生した阪神淡路大震災に続き，2011年に起こった東日本大震災を通して，私たちは大規模な災害がいつ，どこででも起こりうることを学んできました。近年，災害状況下でのリスクマネジメントを見直し，防災教育や避難訓練等に力を入れる児童福祉施設や学校が確実に増えています。

大規模な災害は，一瞬にしてそれまでの家庭生活を崩壊させるなど，計り知れない変化をもたらします。そのような意味で，防災や災害救助のあり方だけでなく，災害後の家庭生活の維持・再建のための支援についても，平常時から検討しておくことが課題となっています。

筆者は2012年に，東日本大震災とその後の原発事故の影響を受ける子育て家庭の生活実態を把握するため，福島県に居住する乳幼児の保護者，及び福島県から山形県へ避難中の乳幼児の保護者を対象にアンケート調査を実施しました（353名が回答）。保護者に対して，震災前と比較して「精神的不調（気分が落ち込む・不眠等）を感じるか」を尋ねたところ，「とてもそう思う」「どちらかといえばそう思う」を合わせた割合は，福島・山形の回答者の合計で58.3％に達しました。一方，子どもの健康状態に関しても同様に尋ねたところ，精神的不調（落ち着かない・表情が乏しい・不眠等）を感じる保護者が27.5％でした[16]。

また図表9に示すように，保護者の精神的不調の度合いが高いほど，子どもの精神的不調を感じる割合が高い傾向も明らかになりました。戸外で遊べないことに加え，親のストレスが高まることが，子どもの精神面に影響を及ぼす可能性があります[17]。親・子どもへの支援を一体的に捉える家庭支援の観点から，

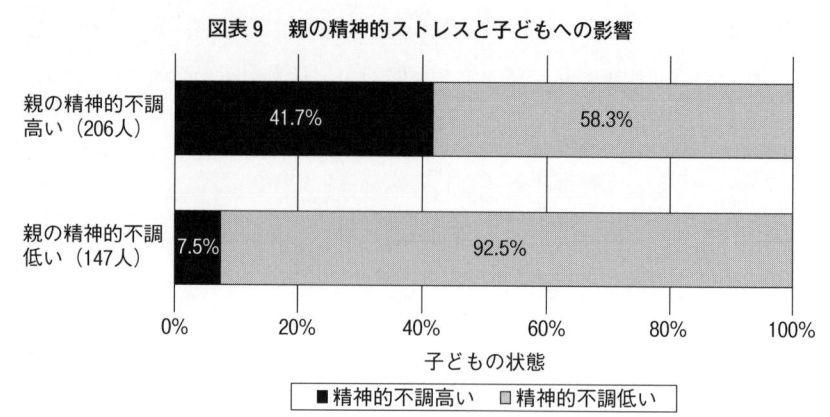

図表9　親の精神的ストレスと子どもへの影響

親の精神的不調 高い（206人）: 41.7% / 58.3%
親の精神的不調 低い（147人）: 7.5% / 92.5%

子どもの状態
■ 精神的不調高い　□ 精神的不調低い

※保護者／子どもの精神的不調を尋ねる設問に対して、「とてもそう思う」「どちらかといえば思う」と回答した人を『精神的不調が高い』群とし、「あまり思わない」「まったく思わない」との回答者を『精神的不調が低い』群に分けた。

地域における細やかな支援体制を構築することが課題であるといえます。

　幼い子どもを伴う生活は行動範囲が制限されるため，身近な地域における子育て支援が必要とされています。地域子育て支援拠点，児童館，保育所など，子どもを連れて気兼ねなく利用できる施設において，親・子どものメンタルケア，生活面での相談や情報提供，子どもの健康面での支援が，きめ細やかに展開されることが大切だと考えます。避難中の家庭であれば，避難先の地域でこうした支援を受けられることが，社会的孤立を防ぐ重要な手立てになり得ます。

　今後も長期的・継続的な支援が必要なだけに，状況の変化やニーズの可変性に対応した施策が展開されることを望みます。そして何よりも，決して「対岸の火事」ではなく，大規模な災害下における家庭支援のあり方について，日頃から各地・各所で検討を重ねておくことが大切だと考えています。

引用・参考文献

1) 森岡清美（1997）「家族をどうとらえるか」森岡清美・望月嵩『新しい家族社会学　四訂版』，培風館．
2) 望月嵩（1980）「現代家族の生と死」望月嵩・本村汎編『現代家族の危機』，有斐閣．

3) 前掲書2)．
4) 扶養義務の範囲の国際比較に関しては，UFJ総合研究所（2004）『我が国の生活保護制度の諸問題にかかる主要各国の生活扶助制度の比較に関する調査報告書』（厚生労働省提出資料）を参考にした．
5) 藤崎宏子（2000）「現代家族と家族支援の論理」『ソーシャルワーク研究』26(3)，相川書房．
6) 柏女霊峰（2008）『子ども家庭福祉サービス供給体制―切れめのない支援をめざして―』，中央法規出版．
7) 牧里毎治（1986）「日本の家族福祉の現状」望月嵩・本村汎編『現代家族の福祉―家族問題への対応―』，培風館．
8) 渡辺顕一郎（2009）『子ども家庭福祉の基本と実践―子育て支援・障害児支援・虐待予防を中心に―』，金子書房．
9) 国立社会保障・人口問題研究所（2013）「人口統計資料集」
10) 落合恵美子（2004）『21世紀家族へ［第3版］』，有斐閣選書．
11) 厚生労働省「平成25年人口動態統計月報年計（概数）の概況」
12) 浜野隆（2014）「第2章家庭環境と子どもの学力 (1)家庭の教育投資・保護者の意識等と子どもの学力」『平成25年度全国学力・学習状況調査（きめ細かい調査）の結果を活用した学力に影響を与える要因分析に関する調査研究』，国立大学法人お茶の水女子大学．
13) 阿部彩（2014）『子どもの貧困Ⅱ―解決策を考える―』，岩波新書．
14) 厚生労働省（2012）「平成23年度全国母子世帯等調査結果報告」
15) 内閣府男女共同参画局（2010）「男女共同参画白書（概要版）平成22年度」
16) より詳細な調査結果については以下の文献を参照のこと．渡辺顕一郎（2013）「震災後の子育て環境の変化と子育て支援」日本子どもを守る会編集『子ども白書2013』，本の泉社．
17) 日本学術会議・東日本大震災対策委員会（臨床医学委員会出生・発達分科会）（2011）『提言 東日本大震災とその後の原発事故の影響から子どもを守るために』

第2章　保育・子育て支援における家庭支援

　子どもが誕生すると，家族は様々な夢や期待を膨らませます。また多くの親は，思いやりにあふれたやさしい人に育ってほしいという願いを抱きます。そのこと自体はとても健全なことですし，健全な願いと愛情にあふれた親に育まれる子どもはやさしい人に育つと信じています。

　しかし，子どもを大切に思っていても，親自身が様々な悩みや不安を抱え，子育てに取り組む自信や余裕を失うことがあります。地域の関係が希薄になり家庭の孤立が進む中では，子どもの育ちだけでなく，親の子育てを支える視点も必要です。

　本章では，現代の子育て家庭が置かれた状況を踏まえつつ，保育・子育て支援における家庭支援のあり方について述べていきます。

第1節　現代社会における子育て支援の必要性

1．子育て支援が必要とされる背景

　動物学の研究では，母または親以外のものが子どもを養育することを「アロマザリング」（allomothering）といいます。人間はアロマザリングが発達している動物ですが，動物界全体で見ればアロマザリングはわずかな分類群で観察される特異な行動であり，哺乳類でも0.1％強の種にしか見られません[1]。

　他の動物に比べると，人間の子育ては長期にわたり，しかも複雑で多様な課題を持っています。大量の時間や労力を費やす人間の子育ては，1人の親（母親）だけでは不可能であり，親以外の人による養育が必須となるのです[2]。

私たちの国では，地域で協力して子どもを育んできた歴史があります。かつて第一次産業が中心だった時代には，人々は土地に定住して集落を作り，親族や住民同士が助け合って生活していました。しかし，そのような社会の様子は，戦後の経済成長期を経て都市化が進行するにつれて急速に崩れていきました。地域の社会関係が希薄になり，核家族が定着する中で「子育て」という営みが家庭の中に閉じ込められてしまったのです。

　保守的な性別役割分業が根強く残る日本の社会では，幼い子どもの育児や家事労働の大半を女性が担っています（図表10参照）。子育ての支えが得にくいだけでなく，女性に集中する家庭内の役割及び負担が，母親の育児不安や産後うつ，少子化などの社会問題の要因として作用している可能性は否めません。

　乳幼児期は，人格形成の基礎を築く重要な段階ですが，親にとっては獲得を要する育児の知識・技術が多岐にわたるため，戸惑いや不安が生じやすい時期です。また，幼い子どもを伴う生活は行動範囲が制限されるため，親子が社会

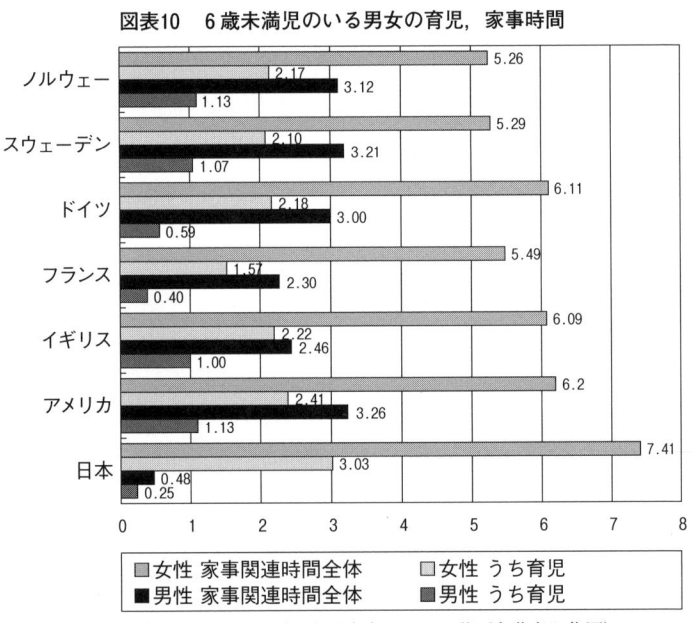

図表10　6歳未満児のいる男女の育児，家事時間

国	女性 家事関連時間全体	女性 うち育児	男性 家事関連時間全体	男性 うち育児
ノルウェー	5.26	2.17	3.12	1.13
スウェーデン	5.29	2.10	3.21	1.07
ドイツ	6.11	2.18	3.00	0.59
フランス	5.49	1.57	2.30	0.40
イギリス	6.09	2.22	2.46	1.00
アメリカ	6.2	2.41	3.26	1.13
日本	7.41	3.03	0.48	0.25

（資料：『平成18年度版　厚生労働白書』p.25に基づき著者が作図）

的に孤立する傾向も高くなります。

　わが子の成長の様子を熟知し，日常的に顔を合わせる保育士のような存在は，親にとって「心強い味方」になり得ます。地域のつながりが希薄化し，子育てに孤軍奮闘する母親が増えているからこそ，身近な保育所や地域子育て支援拠点などに，気兼ねなく悩みや不安を相談できる専門職が配置されていることが大切です。

2．地域における社会関係の希薄化

　現代の社会においては，地域の社会関係が希薄になる中で，子育てを支える地域ネットワークが機能しにくくなっています。ここでは図表11に示したように，世代を超えた子育て経験の受け渡し（タテの関係），子育て現役世代の支えあい（ヨコの関係）の2つの軸に置き換えて，地域ネットワークの全体像を捉えてみます。

　タテの関係は，祖父母世代，親世代，そして子ども世代へと，世代を超えた結びつきの中で子育て経験が受け渡されていく関係性を表しています。ただし，核家族が定着した現代では，子育てを経験してきた先輩世代（祖父母世代）から現役世代（親世代）に対して，経験に基づく知識や技術を伝授することがき

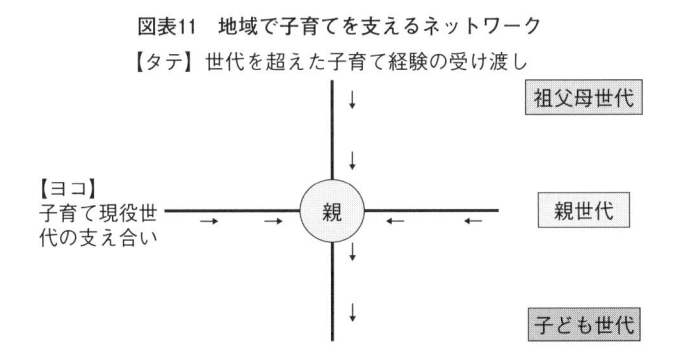

図表11　地域で子育てを支えるネットワーク
【タテ】世代を超えた子育て経験の受け渡し
【ヨコ】子育て現役世代の支え合い
祖父母世代／親世代／子ども世代

わめて難しくなっています。

　次に，ヨコの関係は，同じ時代に子育てをする親世代の支えあいを表しています。同世代だからこそ，価値観や境遇を共有しやすく，お互いに理解しあえる関係が築きやすい面があります。しかし，現代のように都市化が進み，常に人口移動がある中では，子育て家庭は容易に孤立してしまいます。一方，人口減少や過疎化が進む地方部では，子育てを行う若い世代が急速に減少する中で，同じ世代の仲間を見出すことが難しくなっています。

　子育てとは，家庭の中だけで完結する営みではなく，本来は先述のようなタテとヨコの関係に支えられ，地域の関与があってこそ成立する営みであると考えます。現代のように，地域のタテの関係もヨコの関係も分断され，子育てという営みが家庭の中だけに閉じ込められていく状況は決してノーマルではないと思います。

　社会の状況が変化しても，子育てが本質的に試行錯誤の繰り返しであることは今も昔も変わりありません。子どもの成長に合わせてバランスをとりながら，親として一歩ずつ前進する子育てという営みは「綱渡り」に似ているように思います。完ぺきな親などいないのですから，昔の親もときには失敗して綱から落ちることがあったはずです。しかしその下には，転落事故を防ぐ「地域」というセーフティーネットが張り巡らされていました。地域の関係が希薄化し，セーフティーネットがなくなってしまった現代では，失敗はそのまま大けがにつながる危険性があります。

　少子化が進む中，児童虐待や少年犯罪，引きこもる子どもたちの問題が頻発するような状況は，家庭だけでなく，地域の子育て力が低下してしまったことへの警鐘として受け止めるべきではないでしょうか。地域というセーフティーネットがない現代の子育ては，失敗が許されないだけに，親の緊張や不安もひときわ高くなるのです。

3．少子化対策と子育て支援

　子育てをめぐる様々な課題に関して，近年，政策的に最も力点が置かれているのが少子化対策です。図表12に示すように，合計特殊出生率（1人の女性が一生の間に産む子どもの数）は平成17（2005）年に戦後最低となった後，わずかに上昇傾向にありますが，出生数は依然として減少し続けています。

　日本では1994年の通称「エンゼルプラン」を皮切りに，「新エンゼルプラン」⇒「子ども・子育て応援プラン」⇒「子ども・子育てビジョン」と5年ごとに少子化対策が打ち出されてきました。前章でも述べたように，一連の少子化対策において子どもを産み育てる親への支援が政策的に位置づけられ，子育て支援が推進されてきたのです。

　こうして子育て支援施策が強化され，各種サービスの拡充も図られてきたのですが，未だ少子化の抑制だけでなく，育児不安や産後うつ，児童虐待などの社会問題に対しても有効な解決策は見出せていません。また，都市部を中心に保育所の待機児童が解消されないなど，保育サービスの量的不足も未解決課題のまま残されています。

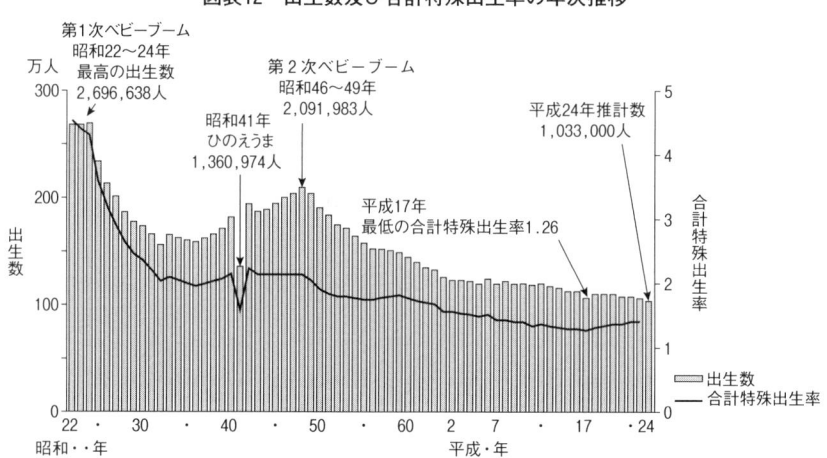

図表12　出生数及び合計特殊出生率の年次推移

（出典：厚生労働省（2013）「平成24年（2012）人口動態統計の年間推計」）

子育て支援において大切にしなければならないことは，親が子育てをする上で必要なことを支援し，子どもを育てている当事者のニーズに応えることです[3]。これに対して少子化対策は，少子化の抑制（出生率・出生数の向上）が究極的な目的です。つまり，少子化対策において子育て支援は，目的達成のための手段に過ぎないのです。しかし，本来，子育て支援の実践が目指すものは「親の子育てを支えること」であり，それ自体が目的だと見ることもできます。そのような意味で，政策的には少子化対策に基づいて子育て支援施策が推進されてきたとしても，少子化対策と子育て支援は必ずしも同義語ではありません。

　家庭支援の観点に立つならば，子育て当事者の視点から社会的課題を見つめ直し，社会全体で子育てを支える仕組みを再検討する必要があると考えます。また，そうすることが，子育て支援の本来的な目的にも合致します。

4．子育て支援の基本的視点

　第1章で家庭支援については，「児童福祉分野の各般の問題について，おもに子どもを育てる親への支援を行うことによって，家庭生活の維持・安定を目的とする政策・実践」であると述べてきました。そのような意味で子育て支援とは，児童福祉における養護・障害・非行などの特定の問題領域よりも，むしろあらゆる子育て家庭を対象とし，普遍的な家庭支援を追求する領域であると位置づけることができます。ここでは，こうした家庭支援の考え方に基づき，子育て支援の基本的視点（支援の方向性）について述べます。

■家庭と地域の子育て力を高める

　核家族化や共働き家庭の増加等により，家庭における子育て力の低下が叫ばれる中，親の養育能力を高める必要性が指摘されています。しかしながら既述のように，子育て自体が親だけで担えるものではなく，親族や地域の支えが必須であることを前提とするならば，地域の子育て力を高めることも大切です。

　子育て支援においては，親・家庭への支援と併せて，地域交流やネットワー

クづくりにも積極的に取り組む必要があると考えます。住民の相互理解によって子育て家庭を温かく見守り，社会全体で子育てを支える環境づくりに取り組むことが，親の子育て力を高めることにもつながります。

■子どもの発達を支える

近年，家庭の孤立化が進む中，親同士だけでなく，子ども同士がかかわりあって育つ機会が減少しています。欧米諸国に比べて有配偶女性の就業率が低い日本の場合，幼稚園就園前の低年齢児の多くが，日中に家庭で過ごしている現状があります。

言うまでもなく，乳幼児期は人格形成の基礎が培われる重要な時期です。親子の信頼関係を土台として，子どもの中に他者への興味や関心が広がるにつれ，周囲の環境に対する主体的なかかわりが芽生えてきます。したがって，子ども同士，あるいは親以外の大人との交流の機会を保障することが，子どもの発達を促すためには必要なのです。正高信男は，子どもは地域社会に暮らす人間すべてにとって共有される次世代であり，幅広い人間と接することが，普遍化された社会性の習得を可能にすると述べています[4]。

子育て家庭が孤立する中，親だけでなく，子どもにとっても保育所や地域子育て支援拠点などが，他者との出会いや交流の場となっています。子育て支援においては，親子に対する直接的な支援だけでなく，地域の人たちの手によって子どもが育まれるような環境づくりにも力を入れることが大切です。

■地域の実情，特色に着目する

子育て支援の推進に当たっては，その地域の実情に着目し，特有の子育てニーズに沿った支援のあり方を検討する必要があります。たとえば地域によって，人口規模，人口の流出入，母親の就業率，祖父母との同居率も異なれば，自然環境や風土・文化も大きく異なってきます。そのような意味で，どの地域であっても標準的な支援が保障されることは重要ですが，その半面，地域の状況にかかわりなく画一的な支援が行われることは不自然だと思われます。

子育て支援の実践においては，核となる働きを踏まえながらも，それぞれの地域に根ざした取り組みや活動のあり方を追求することが大切です。そのためには，①身近な地域の中で支援を受けられる環境づくり，②その地域にある社会資源を最大限に活用する，③その上で地域の実情や特色に見合った支援のあり方を模索する，という働きかけが求められます。

■予防を重視する

　少子化対策に基づく従来の子育て支援施策に関しては，虐待のおそれがある家庭，障害児を養育している家庭，ひとり親家庭など，子育てにおいてより多くの困難を抱えやすい家庭への対応が明確に位置づけられてきませんでした。むしろ「要保護児童」「要支援家庭」として別個に扱われ，問題が発生してからの事後対応に重点が置かれてきたといえます。

　しかし，深刻な問題によって子どもや家庭が被るダメージを考えると，問題そのものの発生を防止するような支援が求められることはいうまでもありません。第1章で，北米の家庭支援（ファミリーサポート）では予防が重視されることを述べてきましたが，日本の障害児支援や社会的養護に関する政策検討の場においても，予防を指向する子育て支援の必要性が議論され始めています。

　あらゆる子育て家庭を対象とし，家庭の孤立化を防ぎ，子育ての悩みや不安が蓄積されないように支援することは，問題の発生やその重症化を予防することにもつながります。日本の社会福祉制度は障害・社会的養護・子育て支援など領域別に分かれており，行政の担当部署も縦割りになっている場合が多いのですが，専門職間の連携や地域のネットワーク形成によって，予防的支援に取り組むことが大切です。

第2節　地域における子育て支援の拠点

1．乳幼児期に子育て支援が必要とされる理由

　本来，子育てを支えるための社会的支援は，子どもの発達時期で区切るべきではなく，子どもが社会的自立を果たすまで一貫して必要とされるものです。日本の児童福祉法では18歳未満を児童と定義していますから，法に従えばそれまでは子育ての期間と見ることもできます。近年では，乳幼児期の保育・子育て支援だけでなく，児童館や放課後児童クラブ，青少年の居場所づくりやフリースクールなど，学童期以降の支援にも力が入れられるようになっています。

　他方，乳幼児期には，親に対する支援が必要とされる特有の理由があります。先述のように乳幼児期は，親として獲得を要する育児の知識・技術が多岐に渡るため，戸惑いや不安が生じやすい時期です。また，幼い子どもを伴う生活は行動範囲が制限されるため，親子が孤立する傾向も高くなります。特に第1子の養育においては，きょうだい児の子育て経験がないだけに，親が不安を経験しやすいという特徴があります。また，保育所を利用せずに在宅で子育てを行う場合，幼稚園就園前の低年齢児の親のほうが孤立するリスクは高まります。

　図表13は，乳児を育てる母親の1日の生活を例示しています。乳児は日常生活に必要な動作を独力で行うことができません。食事・入浴・排泄・移動など，生活のあらゆる面で親のケアを必要とします。子育てをする親は，昼夜を問わず子どもの世話をし，同時に家事もこなさなくてはなりません。結果的に，家にこもりがちな生活になってしまいます。核家族の場合では，父親が子育てに非協力的であれば，家庭内のほとんどの役割を母親が1人で背負わざるを得ないのです。

　全国に2万3千か所以上設置された保育所，及び約1万3千か所ある幼稚園は，いずれも就学前の子どもの施設であるだけでなく，子育て中の親にとっても身近に感じられる地域の施設です[5]。総合施設としての認定こども園を含め，これらの就学前施設に対しては，地域の子育て支援に積極的に取り組むことが

図表13　乳児を育てる母親の1日の生活の一例

時間	赤ちゃんの様子	親の様子	
0:00	夜泣き・授乳①	おむつ換え①, 授乳①	なんで泣くんだろう？何をすれば泣き止むんだろう？
		抱っこして歩き回る(抱かないと泣き続けて近所迷惑なため)	
3:00	授乳②	おむつ換え②, 授乳②	
	飲み終わっても寝ない	抱っこ	
4:00	やっと寝付く	寝る	
6:00	泣いて起きる, 授乳③	抱っこ, おむつ換え③, 授乳③, 哺乳瓶洗い・消毒	少し位手伝ってくれてもいいのにまた一人ぼっちになっちゃう…
	1人遊び	朝食の準備	
		夫出勤, 洗濯, ゴミ出し, 片付け	
9:00	授乳④	おむつ換え④, 授乳④, 哺乳瓶洗い・消毒	
10:00	1人遊び	朝食, 食事後片付け	思い通りに家事が進まないいらいらする
		洗濯物干し, 片付け, 掃除, おむつ換え⑤, 抱っこ	
	昼寝	少し寝る	
12:00	泣いて起きる, 授乳⑤	おむつ換え⑥, 抱っこ, 授乳⑤	
	散歩	抱っこ, 散歩, 買い物	
15:00	授乳⑥	おむつ換え⑦, 抱っこ, 授乳⑥, 哺乳瓶洗い・消毒	泣きたいのは私だ愚痴を聞いてくれる人もいない
	眠くて泣く	抱っこ	
	昼寝	寝る, 夕食の準備	
17:00	起きる	抱っこ, おむつ換え⑧	
18:00	1人遊び	洗濯物片付け	手伝ってくれる人がいればいいのにパパ早く帰ってこないかな…
	授乳⑦	おむつ換え⑨, 抱っこ, 授乳⑦, 夕食	
19:00	お風呂	お風呂の準備, 入浴, 片付け, 白湯を飲ませる	
20:00	1人遊び	夕食片付け	
	寝る		
	起きる	おむつ換え⑩, 抱っこ, 夫帰宅, 夫食事, 片付け	やっと今日が終わった今夜は何時間寝れるかなぁ…
21:00	授乳⑧	抱っこ, 授乳⑧, 哺乳瓶洗い・消毒	
22:00	寝る	抱っこ	

（出典：渡辺顕一郎・奥山千鶴子・子育てひろば全国連絡協議会（2014）提供資料）

期待されています。

2．地域子育て支援拠点とは

乳幼児期の子育て支援のあり方を考える上で，「子育て支援センター」「子育

てひろば」などの地域子育て支援拠点の機能や役割に目を向けることは大切です。児童福祉法では，乳幼児とその保護者が相互に交流できる場所を開設し，子育てについての相談，情報提供などを行う事業として位置づけられています。このような子育て支援の拠点は，北米では「Drop-in」（気軽に立ち寄れる場という意味）と呼ばれ，予防を指向する家庭支援プログラムに位置づけられています。

地域子育て支援拠点の成り立ちをたどれば，1990年代にまで遡ります。1993年に創設された「保育所地域子育てモデル事業」は，1995年に「地域子育て支援センター事業」に名称を変更，制度化されました。2002年には「つどいの広場事業」が創設され，その後の再編・統合を経て，2007年に地域子育て支援拠点事業として成立してきた経緯があります。

地域子育て支援拠点は，単独の施設を持つもの，商店街の空き店舗や民家を活用したものなどがありますが，最も多いのは保育所に併設されている形態です。事業のタイプとしては「ひろば型」「センター型」「児童館型」の3つを備え，おもに実施場所や機能に沿った実践が展開されてきましたが，2014年度からは「一般型」「連携型」に再編されています（詳しくは後述します）。

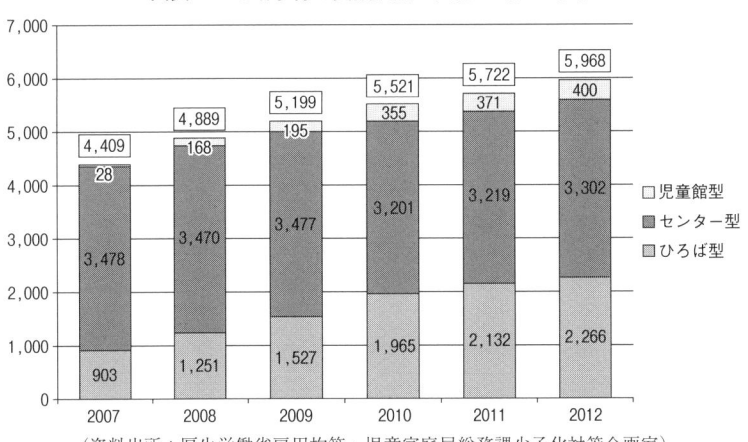

図表14　地域子育て支援拠点の実施か所数の推移

年	ひろば型	センター型	児童館型	合計
2007	903	3,478	28	4,409
2008	1,251	3,470	168	4,889
2009	1,527	3,477	195	5,199
2010	1,965	3,201	355	5,521
2011	2,132	3,219	371	5,722
2012	2,266	3,302	400	5,968

（資料出所：厚生労働省雇用均等・児童家庭局総務課少子化対策企画室）

なお，地域子育て支援拠点は，これまでの少子化対策において重点施策の1つに位置づけられてきたこともあり，量的な整備が進められてきました。図表14に示すように，実施か所数は急速に増加しており，2012年には全国約6千か所に達しています。

3．地域子育て支援拠点に求められる機能

地域子育て支援拠点事業に関しては，一般型・連携型といった事業類型にかかわりなく共通する「基本事業」が定められています。制度に規定された「基本事業」とは，以下の4つです。
　①子育て親子の交流の場の提供と交流の促進
　②子育て等に関する相談・援助の実施
　③地域の子育て関連情報の提供
　④子育て・子育て支援に関する講習等の実施

本項では，これらの「基本事業」に基づいて，地域子育て支援拠点に求められる固有の機能について考えていきます。

■子育て親子の交流の場の提供と交流の促進

地域子育て支援拠点では，乳幼児や保護者にとって居心地の良い環境をつくりだすことが大切です。明るく開放的な空間，子どもの発達に沿った遊具や遊び，大人（保護者）にとってもリラックスできる環境づくりが必要です。また，場の提供にとどまらず，日常的な活動の中で親子を紹介し交流を促すことも，支援者に求められる大切な働きです。

■子育て等に関する相談・援助の実施

地域子育て支援拠点には，子育てに関して一定の知識を有する支援者を配置するように定められており，保護者からの個別の相談に対応し，必要に応じて他の専門機関とも連携しながら適切に援助を行うことが求められています。ま

た,「相談」の意味を広義に解釈するならば,親同士が悩みを打ち明けあったり,仲間に相談することも「子育てに関する相談」として捉えられるでしょう。このように利用者が相互に支え合う関係をつくりだすためにも,普段から親子の交流を促すことが大切になります。

■地域の子育て関連情報の提供
　地域子育て支援拠点は,子育てに役立つ情報や,地域の子育て支援サービスに関する情報を集約し,それらを保護者に対して提供する"情報ステーション"としての働きが求められます。そのためには,地域の子育て関連情報を丹念に収集するだけでなく,子育て中の保護者に対して効果的に伝える工夫も必要です。拠点施設内での情報コーナーや掲示板などの設置にとどまらず,インターネットなどを活用した情報提供を行う拠点もあります。

■子育て・子育て支援に関する講習等の実施
　地域子育て支援拠点では,保護者が子育てに関する知識等を学ぶことができるように,講習会や講座を開催することが求められています。また地域の意識啓発やボランティア養成のための講習等を開催し,子育て支援に関する住民の理解を高めたり,活動への参画を促す機会をつくりだすことも大切です。

4. 地域子育て支援拠点における支援者の役割

　地域子育て支援拠点においては,「一般型」には専従職員を2名以上配置,「連携型」の場合には専従職員1名以上に本体施設の職員が協力するように規定されています。支援者(職員)に求められる役割は,親と子どもの最大の理解者であり,日常生活における身近な「話し相手」「遊び相手」であり,地域の人と人との関係を紡ぎだすことです。以下,支援者の役割についてより詳しく述べていきます。

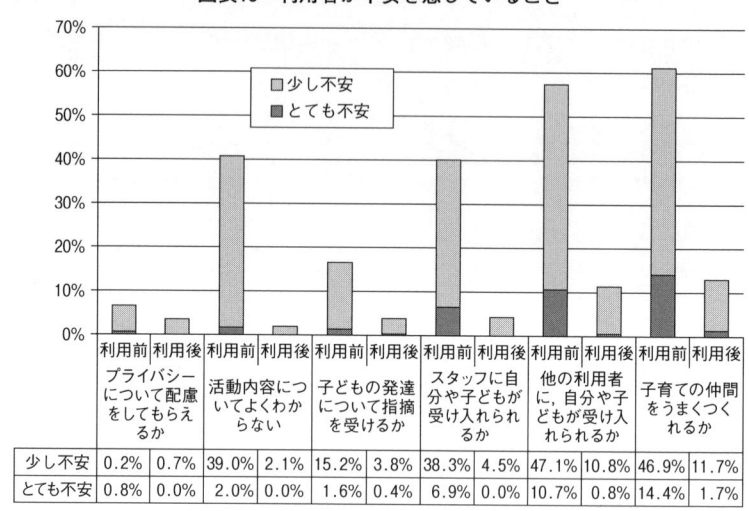

図表15　利用者が不安を感じていること

	プライバシーについて配慮をしてもらえるか		活動内容についてよくわからない		子どもの発達について指摘を受けるか		スタッフに自分や子どもが受け入れられるか		他の利用者に，自分や子どもが受け入れられるか		子育ての仲間をうまくつくれるか	
	利用前	利用後	利用前	利用後	利用前	利用後	利用前	利用後	利用前	利用後	利用前	利用後
少し不安	0.2%	0.7%	39.0%	2.1%	15.2%	3.8%	38.3%	4.5%	47.1%	10.8%	46.9%	11.7%
とても不安	0.8%	0.0%	2.0%	0.0%	1.6%	0.4%	6.9%	0.0%	10.7%	0.8%	14.4%	1.7%

（出典：渡辺顕一郎・橋本真紀他（2009）「地域子育て支援拠点事業における活動の指標『ガイドライン』作成に関する研究」（主任研究者：渡辺顕一郎），『平成20年度児童関連サービス調査研究等事業報告書』，財団法人こども未来財団，p.25.）

(1) 温かく迎え入れる

　地域子育て支援拠点に初めて訪れる際には，誰でも期待と同時に，自分が受け入れてもらえるかという不安や，初めての場・人に出会うことへの緊張感を経験します。支援者が日常的な挨拶と笑顔を絶やさずに迎え入れることは，緊張を緩和するだけでなく，不安を乗り越えて来所してきた利用者に対して敬意を示すことにもなります。

　地域子育て支援拠点の利用者に対する調査では，子育ての仲間ができるか，他の親子に受け入れられるかといったことの他に，支援者に自分や子どもが受け入れられるかを不安に思う利用者もいます（図表15参照）。このような不安を抱きながらも来所してきたすべての利用者に対し，温かく敬意をもって迎え入れることが大切なのです。

(2) 身近な相談相手であること

　支援者は日頃から個々の利用者とかかわり，気兼ねなく相談に応じられる態度で接することが大切です。利用者は支援者の人柄にふれるにつれて，次第に親近感や信頼感を抱くようになります。利用者から個別に相談を求められたときにも，自分の意見を述べるより，まずは相手の話にじっくりと耳を傾けることが基本となります。

　地域子育て支援拠点の利用者に対する調査では，支援者に期待する役割として，まずは子どもの遊びや友だちづくりを助けるなどが上位に挙げられています。ただし，保護者と支援者との関係性に関しては，「日常的な会話を一緒になって楽しむ」「自分の悩みについて話をよく聞いてくれる」などの回答が相対的に多いのが特徴です（図表16参照）。地域子育て支援拠点の利用者は，支援者に対して指導的な専門家であるよりも，むしろ日常的な「話し相手」「相談相手」といった水平な関係性を期待しているといえるでしょう。

(3) 利用者同士をつなぐ

　地域子育て支援拠点では，同じ立場にある親同士の支えあい，子ども同士の育みあいを促すことが大切です。ただし，利用者によっては集団に馴染めなかったり，日々利用者の顔ぶれが変わる中で既成の集団に入りにくい場合も生じ

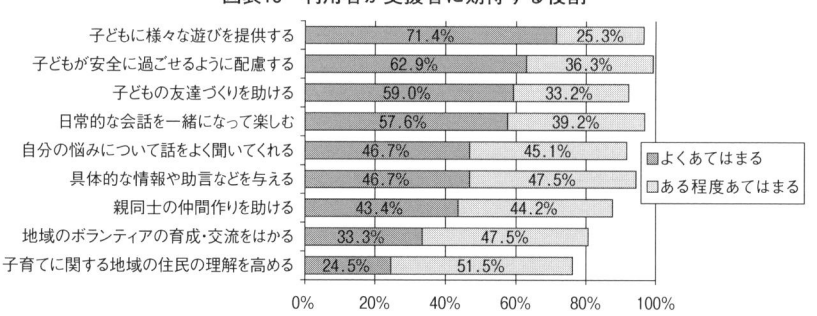

図表16　利用者が支援者に期待する役割

項目	よくあてはまる	ある程度あてはまる
子どもに様々な遊びを提供する	71.4%	25.3%
子どもが安全に過ごせるように配慮する	62.9%	36.3%
子どもの友達づくりを助ける	59.0%	33.2%
日常的な会話を一緒になって楽しむ	57.6%	39.2%
自分の悩みについて話をよく聞いてくれる	46.7%	45.1%
具体的な情報や助言などを与える	46.7%	47.5%
親同士の仲間作りを助ける	43.4%	44.2%
地域のボランティアの育成・交流をはかる	33.3%	47.5%
子育てに関する地域の住民の理解を高める	24.5%	51.5%

（出典：渡辺顕一郎・橋本真紀他（2009）「地域子育て支援拠点事業における活動の指標『ガイドライン』作成に関する研究」（主任研究者：渡辺顕一郎），『平成20年度児童関連サービス調査研究等事業報告書』，財団法人こども未来財団，p.28.）

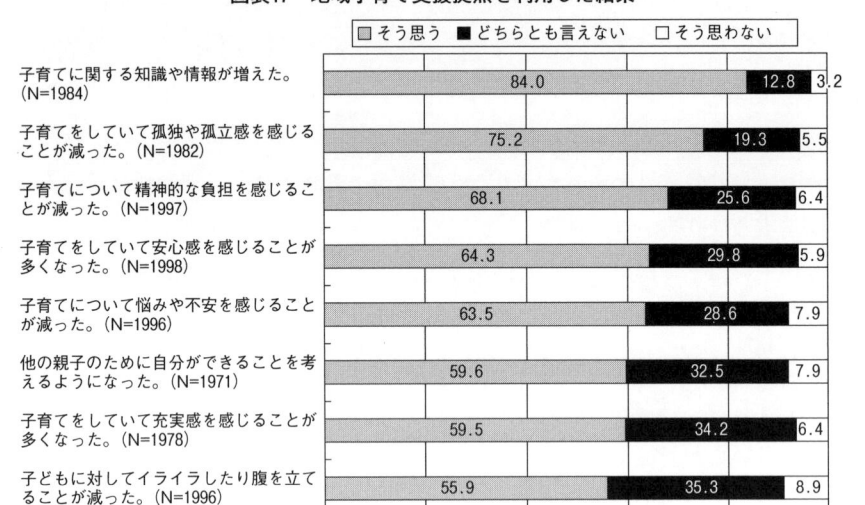

図表17　地域子育て支援拠点を利用した結果

□ そう思う　■ どちらとも言えない　□ そう思わない

項目	そう思う	どちらとも言えない	そう思わない
子育てに関する知識や情報が増えた。(N=1984)	84.0	12.8	3.2
子育てをしていて孤独や孤立感を感じることが減った。(N=1982)	75.2	19.3	5.5
子育てについて精神的な負担を感じることが減った。(N=1997)	68.1	25.6	6.4
子育てをしていて安心感を感じることが多くなった。(N=1998)	64.3	29.8	5.9
子育てについて悩みや不安を感じることが減った。(N=1996)	63.5	28.6	7.9
他の親子のために自分ができることを考えるようになった。(N=1971)	59.6	32.5	7.9
子育てをしていて充実感を感じることが多くなった。(N=1978)	59.5	34.2	6.4
子どもに対してイライラしたり腹を立てることが減った。(N=1996)	55.9	35.3	8.9
もうひとり子どもを産もうという気持ちが前よりも強くなった。(N=1946)	36.2	37.1	26.7
他の親子のために地域の中で活動するようになった。(N=1968)	19.6	49.1	31.3

（出典：渡辺顕一郎・橋本真紀編著（2011）『詳解　地域子育て支援拠点ガイドラインの手引─子ども家庭福祉の制度・実践をふまえて─』中央法規出版，p.29.）

ます。したがって支援者には，利用者集団の動きをよく把握し，必要に応じて利用者同士を紹介したり結びつける役割が求められます。

　図表17は，2004年に地域子育て支援拠点（旧：つどいの広場）の利用者に対して実施した調査の結果を示しています。この調査からは，保護者の子育てに関する知識・情報が高まり，精神的負担の軽減や孤立感の解消が図られるなど，一定の効果がもたらされていることが明らかになりました。

　また，「他の親子のために自分ができることを考えるようになった」と回答した利用者が約6割おり，親同士の支えあいの場としての可能性も示唆されています。このような利用者同士の相互支援は「ピアサポート」と呼ばれ，地域の子育て支援における重要な働きとして捉えられるようになっています。

(4) 利用者と地域をつなぐ

　地域子育て支援拠点の働きとして，親子の成長を見守ることができる環境づくりに取り組むことは重要です。そのためには，世代を超えた地域の人たちがボランティアとして活躍できる機会をつくりだし，積極的に地域交流を図ることが求められます。また，必要に応じて他機関・施設との連携を図りながら支援を行うことも大切です。

　地域で活動する様々な人たちの協力を得ることは，地域子育て支援拠点の活動を豊かなものにすることであり，子育て家庭の理解者や応援者を増やすことにもなります。拠点での出会いがきっかけで親も子も地域に顔見知りが増え，様々な世代との交流が生まれる場合もあるでしょう。

(5) 積極的に地域に出向く

　地域子育て支援拠点について知らなかったり，利用に際してためらいや不安があるために，支援につながることが難しい人もいます。このような場合，支援者が他の親子が集まる場に出向き，自ら知りあうきっかけをつくることで利用を促すことが大切です。

　児童虐待のリスクが高いなどの要支援家庭へのアプローチが，母子保健や子育て支援において重要な課題となっています。たとえば，地域子育て支援拠点の支援者が，育児サークルや母子保健事業などに出向いたり，保健師による家庭訪問に同行するなどの取り組みも始まっています。このように，支援者側から積極的に利用者とつながろうとする取り組みは「アウトリーチ」と呼ばれ，予防的な家庭支援へのエントリー（入口）として注目されています。

第3節　家庭支援における保育所の役割

1．多様化する子ども・子育て支援

　これまで述べてきた地域子育て支援拠点は，文字通り地域の子育て支援機能

を担う中核的な存在ですが，保育所・幼稚園・児童館なども積極的に子育て支援に取り組むことで，きめ細やかな支援が展開されることが期待されます。また，認定こども園に関しては，幼児教育・保育を一体的に提供するだけでなく，地域の子育て支援に取り組むことが認定基準に含まれています。

とりわけ保育所は，児童福祉法において，保育に欠ける乳幼児を保育することを目的とする施設としてだけでなく，地域住民に対して保育に関する相談・情報提供などを行う働きも規定されています。また，児童福祉施設の中で保育所は最も多く設置されており，地域住民にとって身近に感じられる施設です。それゆえに，保育所に通う園児とその保護者だけでなく，在宅で子育てをする家庭を含め，地域に根差した子育て支援を推進する働きが求められているのです。

一方，2012年には「子ども・子育て支援法」が成立し，幼児教育・保育を含む子育て支援の新しい仕組みと，そのための財政基盤の整備が提示されました。図表18は，新制度において「子ども・子育て支援給付」「地域子ども・子育て支援事業」に位置づけられた施設・事業について，それらが法制化された時期を示したものです。

時期区分は，図表の左からエンゼルプラン以前（従来型），1994年（エンゼルプラン）以降2005年まで，認定こども園が法制化された2006年以降2011年まで，子ども・子育て支援法が成立した2012年以降に分けています。なお，表に記載された各種の施設・事業の説明については後述します（第4節を参照のこと）。

かつては保育所や幼稚園などに限られていた子ども・子育て支援は，1990年代以降，相次いで打ち出された少子化対策を経て，着実にメニューを増やしてきました。ただし，市町村に実施が委ねられた事業が多く，実際の整備状況は自治体によって大きく異なり，地域格差が生じているのが課題です。こうした状況にあって，全国に2万3千か所以上設置されている保育所は，どの地域においても存在する貴重な社会資源だといえます。子育て家庭にとって身近な相談の場であると同時に，家庭と地域を結びつける「架け橋」としての働きを担

図表18　多様化する子ども・子育て支援

	従来型	1994年以降 （エンゼルプラン）	2006年以降	2012年以降
子ども・ 子育て支援 給付	○保育所 ○幼稚園		○認定こども園 ○家庭的保育	○小規模保育 ○居宅訪問型保育 ○事業所内保育
地域子ども・ 子育て支援 事業	○妊婦健診 ○延長保育	○病児・病後児保育 ○子育て短期支援事業 ○ファミリー・サポート・ 　センター ○放課後児童クラブ	○地域子育て支援拠点 ○一時預かり事業 ○乳児家庭全戸訪問事業 ○養育支援訪問事業	○利用者支援

うことがますます重要になると考えられます。

2．保育所に求められる利用者支援

　先述の子ども・子育て支援法が施行によって，保育所，幼稚園，認定こども園などの施設は，利用方式が原則的に個別給付となります[6]。多様なサービスを，保護者が今よりも主体的に選択して利用するようになれば，選択の幅が広がる分だけ迷いも生じやすくなります。また，各種サービスの整備状況は市町村によって異なるため，地域の実情に沿った正確な情報がなければ，利用に際して混乱が生じる可能性もあります。

　こうした問題を避けるため，子ども・子育て支援法には「利用者支援」が規定されています。利用者支援とは，地域の教育・保育施設や子育て支援事業などを円滑に利用できるように，子どもや保護者にとって身近な場所で相談に応じ，情報提供や助言を行ったり，関係機関との連絡調整等を総合的に行う機能です。

　利用者支援の事業形態については，いわゆる「サービスのガイド役」としての働きを主とする「特定型」と，それに加えて関係機関の連絡調整，連携，社会資源の開発などの包括的機能を有する「基本型」の2つに分けられます。とりわけ後者については，保育所，地域子育て支援拠点，児童館など，親子が継

続的に利用できる身近な施設での実施が想定されています。

　地方自治体による独自の事業としては，横浜市の「保育コンシェルジュ」などがあり，保育所の待機児童が発生しやすい大都市圏を中心に先行する取り組みが報告されています。保護者のニーズや家庭の状況を踏まえ，認可保育所だけでなく，多様な保育サービスを円滑に利用できるように相談・情報提供などを行う「ガイド役」です。

　これに対して，今後，保育所や地域子育て支援拠点などで行われる利用者支援の「基本型」は，特定のサービスの利用支援にとどまらず，より包括的な支援機能が求められています。サービスの紹介や情報提供だけでなく，関係機関の連絡調整，連携，社会資源の開発などを総合的に行うという意味では，ソーシャルワーク機能が重視されるといえるでしょう。

　支援の対象となる家庭としては，保育サービスなどの情報提供を必要とする一般家庭だけでなく，児童虐待のリスクが高いなどの要支援家庭も含まれると考えられます。また，発達障害の疑いがある「気になる子ども」とその保護者への早期支援としても，一定の働きを担うことが期待されます。

3．保育所における子育て支援の展望と課題

　これまで述べてきた地域子育て支援をめぐる実践の展開，子ども・子育て支援制度の動向を通して見えてくるのは，子育て家庭にとって身近な地域における予防的支援の充実です。たとえば，児童虐待への対応に関しては，子どもや家庭が被るダメージを考えると，虐待そのものの発生を防ぐ「第一次予防」が不可欠です。あらゆる家庭を対象とし，家庭の孤立化を防ぎ，子育ての悩みや不安が蓄積されないように支援することは，問題の発生予防につながります。

　児童虐待への対応に関して，児童相談所や要保護児童対策地域協議会などの専門機関が，今後も重要な役割を果たすことには変わりありません。ただし，子育て家庭にとってより身近な地域において，きめ細やかな相談支援や，必要に応じて専門機関の利用に結びつけられる体制を整えることも大切なのです。

近年，保育所保育において課題となっている発達障害児への対応に関しても，地域における細やかな相談支援が必要とされています。近年では発達障害の「早期発見・早期支援」のため，乳幼児健診でのスクリーニングの精度を高めるほか，「5歳児健診」などに取り組む自治体もあります。しかし，それでもなお発達の早期段階での障害の見極めは容易ではなく，保育所・幼稚園のような集団生活の場において，保育者が最初に子どもの発達上の問題に気づく場合があります。

　いわゆる「気になる子ども」やその保護者に対して，早期に支援を始めようとするならば，地域の子育て支援が果たす役割が大切になります。保護者の多くは，子どもの発達上の問題を障害の可能性として認識していなくても，「周囲の子どもの様子と異なる」といった気づきは比較的早い段階から抱いています。保育所や幼稚園に通う前段階から，親子が日常的に利用する地域子育て支援拠点や児童館などで，子どもの発達に関して気兼ねなく相談できる体制が必要とされています。

　これまで国が行ってきた少子化対策には課題が残されていますが，一方で，およそ20年の年月を経て，保育や子育て支援などの社会的サービスの多様化が進められてきました。地域にある社会的サービスの効果的な利用を促すために，あるいは支援の必要度が高い家庭に対して地域の社会資源の連携を図るためにも，子育て家庭の個別ニーズに沿って地域の資源を調整する役割が必要です。

　先述のように，地域子育て支援拠点は「保育所地域子育てモデル事業」としてスタートし，今でも保育所に併設されている形態が最も多いのが特徴です。利用者支援事業に関して，保育所も実施場所の1つとして検討されています。長年にわたる保育実践の積み上げの上に，保育所がこれらの事業にも積極的に取り組み，地域における子育て支援の総合的な拠点施設として発展することが期待されます。

第4節　家庭における子育てを支える社会資源

　これまで，地域における子育て支援の中核的機能が期待される地域子育て支援拠点や保育所を中心に，乳幼児期の子育てを支える社会資源の機能や役割について述べてきました。本節では改めてそれらについても取り上げつつ，子ども・子育て支援法を柱とする新制度において重点施策に位置づけられている社会的サービスを中心に，社会資源の全体像を概観します。

1．社会資源としての教育・保育施設

(1)　保育所

　保育所は，保護者の就労や疾病等の理由により，保育に欠ける乳幼児を保育する児童福祉施設として，長年にわたって重要な働きを担ってきました。1990年代以降，少子化対策の一環として量的な整備が進められただけでなく，実態的に共働き家庭が増加してきたこともあって，施設数は着実に増え続けてきました。

　保育所の整備が進む一方で，それでもなお解消されない保育所の待機児童問題は，子どもに対する保育の保障だけでなく，親の子育てと仕事の両立に関しても支障をもたらします。家庭生活における経済的な側面だけでなく，女性（母親）の就労や社会参画を支えるためにも，保育所をはじめとする保育サービスの整備・拡充が急務となっているのです。

　また保育所保育の必要性に関しては，就労形態の多様化に伴い，パート就労や夜間就労等を含む幅広い働き方に対応することが課題となっています。加えて児童福祉施設として，児童虐待や配偶者暴力（以下DV）等の支援に際して，保護的な機能を担う働きも重視されるようになっています。

　上記のような理由から，子ども・子育て支援法を柱とする新しい制度体系においては，これまでの「保育に欠ける」事由7項目は「保育の必要性」の事由として次の10項目となり，このいずれかに該当することが保育の実施基準とさ

れています。
　①就労（フルタイムのほか，パートタイム，夜間など基本的にはすべての就労に対応）
　②妊娠，出産
　③保護者の疾病，障害
　④同居又は長期入院している親族の介護，看護
　⑤災害復旧
　⑥求職活動
　⑦就学
　⑧虐待やDVのおそれがあること
　⑨育児休業取得時に，既に保育を利用している子どもがいて継続利用が必要であること
　⑩その他，上記に類する状態として市町村が認める場合

　これまでにも，児童虐待やDV，障害などの困難を抱える家庭への支援策として子どもを保育所に入所させる事例はありましたが，制度上に規定されることによって，保育所の機能として明確化されたといえます。このような事例では親が問題を抱えているため，日常生活において精神的に不安定であったり，子どもへの対応や養育態度が不適切であったりする場合があります。子どもへの保育を保障するだけでなく，保護者に対する支援を行いながら家庭全体への支援に取り組むことが，子どもの健やかな育成にもつながるのです。

　前節でも述べたように，保育所は子育て家庭にとって身近な地域に存在する施設として，これまで以上に子育て支援に積極的に取り組み，家庭支援の一翼を担うことが期待されています。また，2008年に改定された保育所保育指針においては，第1章総則の中で「保育所は，入所する子どもを保育するとともに，家庭や地域の様々な社会資源との連携を図りながら，入所する子どもの保護者に対する支援及び地域の子育て家庭に対する支援等を行う役割を担うものである」と記されています。

(2) 幼稚園

　幼稚園は，学校教育法に基づき満3歳から小学校就学までの幼児に対して教育を行う施設であり，全国に約13,000か所設置されています。1日の標準保育時間は4時間とされていますが，地域の実情に応じて保育時間を6時間前後とする幼稚園もあります。

　従来から個々の幼稚園の判断で，4時間を標準とする幼稚園の教育時間の前後や土曜・日曜，長期休業期間中に「預かり保育」が行われてきましたが，1998年の幼稚園教育要領の改定時に「教育時間の終了後等に行う教育活動」として位置づけられました。また，同改定においては「子育て支援」に関しても，地域の人々に園の機能や施設を開放して，幼児教育に関する相談に応じるなど，地域の幼児教育センターとしての役割を果たすよう努めることが明記されました。以下，幼稚園における「預かり保育」と「子育て支援」に関して詳しく述べていきます。

①預かり保育

　平成24（2012）年度幼児教育実態調査によると，2012年では預かり保育を実施している幼稚園は全体の81.4％に達しており，公立では59.7％，私立では94.2％にのぼっています[7]。幼児が同年齢や異年齢の仲間とかかわりあって遊ぶ機会が減少している中，預かり保育は，子ども同士の育みあいを促す働きを担っています。また，保育所の待機児童が集中する地域においては，幼稚園の預かり保育が待機児童解消策の一環として推進されてきた側面もあります。通いなれた幼稚園に教育時間外にも子どもを託すことができるという点において，在園児の保護者にとっては心強い子育て支援の1つとなっています。

　幼稚園教育要領では，預かり保育の留意事項として，幼児期にふさわしい無理のない活動を行うことや，教育課程に基づく活動を担当する教師との緊密な連携が規定されています。しかしながら先述の実態調査によると，預かり保育実施園の約4割が預かり保育のための人員確保を行わなかったと回答し，また預かり保育の担当者1人当たりの幼児数が11～20人との回答が全体の32％を占

めています。

　現行の制度では，預かり保育の担当保育者の人数や免許資格，定員等についての詳細な規定はなく，各園に任されているのが現状です。利用児にとっても，現場保育者にとっても過重な負担となったり通常の保育に支障をきたすことのないよう，預かり保育の実施体制を確立することが大切です。

②幼稚園における子育て支援

　地域の子育て家庭に対する支援として多くの幼稚園で実施されているのは，園庭・園舎の開放です。通常の教育時間内に実施するのが一般的ですが，土曜日や日曜日などの休日に施設を開放する園もあり，その方法は様々です。未就園児の親子登園は，子どもにとっては異年齢の子どもとかかわる貴重な経験であり，親にとっては子どもとのかかわり方を学び，他の親子との交流を持つ機会を得ることができる支援です。その他，子育て情報の提供や，親子の交流の場の提供に取り組む園もあります。

　また，在園児の保護者を対象とした趣味の会やおしゃべりサロンなどは，家庭の子育てを支える社会資源の1つとなっています。在園児の保護者同士の交流を図る活動は，PTA活動の一環として行われる場合が多いのですが，最近では子育て支援として開催する幼稚園も見られます。通園バスの普及によって園と保護者，保護者同士のコミュニケーションの機会が減少する中で，こうした交流の機会を意図的につくりだすことが必要になっているのです。また，父親向けの子育て講座や「おやじの会」を開催するなど，父親を対象とする子育て支援に取り組む事例なども報告されるようになっています。

(3)　認定こども園

　認定こども園は，就学前の子どもに対する保育及び幼児教育の双方を行うとともに，保護者に対する子育て支援の総合的な提供を行う施設です。「就学前の子どもに関する教育，保育等の総合的な提供の推進に関する法律」（以下，認定こども園法）の成立により，2006年10月から取り組みが開始されています。

保護者の就労状況にかかわらず子どもを受け入れて教育・保育を一体的に行う機能と，地域の子育て支援（相談活動や親子の集いの場の提供など）を行う機能をも備えた幼稚園ないし保育所などが，都道府県によって認定を受けることができます。2014年4月1日現在で1,359件が認定を受けています。

　これまで認定こども園法では，認定こども園は「幼保連携型」「幼稚園型」「保育所型」「地方裁量型」の4つの類型に分けられていました。幼保連携型とは，認可幼稚園と認可保育所とが連携し一体的な運営を行うことにより，認定こども園としての機能を果たす類型です。幼稚園型は，認可幼稚園が保育に欠ける子どものための保育時間を確保するなど，保育所的な機能を備えて認定こども園としての機能を果たす類型です。保育所型は，認可保育所が保育に欠ける子ども以外の子どもも受け入れるなど，幼稚園的な機能を備える類型です。地方裁量型は，幼稚園・保育所いずれの認可もない地域の教育・保育施設が，認定こども園として必要な機能を果たす類型です。

　なお，2012年に子ども・子育て支援法が成立した際に，併せて認定こども園法も改正され，幼保連携型認定こども園については独立した施設になりました。従来のように幼稚園と保育所の双方の認可を受けている必要はなく，認定こども園法に基づく独自の基準を満たしていれば認可を受けることができるように変更されました。その他，施設に対する指導監督や財政措置等に関する規定も一本化されたため，従来よりも施設の設置・運営を効率的に行えるように制度が改正されています。

　認定こども園は，これまで別個に行われてきた保育と幼児教育だけでなく，地域の子育て支援にも取り組むという意味で，まさに総合施設としての働きが期待されています。また，退職や転職，育児休業の取得など保護者の就労状況が変化した場合でも，通い慣れた園を継続して利用することができるという点において，子育て家庭にとって心強い社会資源だといえるでしょう。

(4) 地域型保育事業

子ども・子育て支援法を柱とする新しい制度体系では，教育・保育施設を対象とする施設型給付・委託費に加え，以下の保育を市町村による認可事業「地域型保育事業」として児童福祉法に位置づけた上で，地域型保育給付の対象とし，多様な施設や事業の中から利用者が選択できる仕組みとしています（図表19参照）。

■小規模保育

国が定める最低基準に適合した施設で，市町村の認可を受けたおもに0〜2歳児を対象とした定員6〜19人の少人数の保育。

■家庭的保育

家庭的保育者（市町村長が行う研修を修了した保育士など）が自宅等で5人以下の子どもを保育する。通称「保育ママ」として，待機児童が多い大都市圏を中心に発展してきた事業。

■居宅訪問型保育

保育者が子どもの家庭で保育する訪問型の事業。

■事業所内保育

企業が，企業内または事業所の近辺において，主として従業員の子どもの

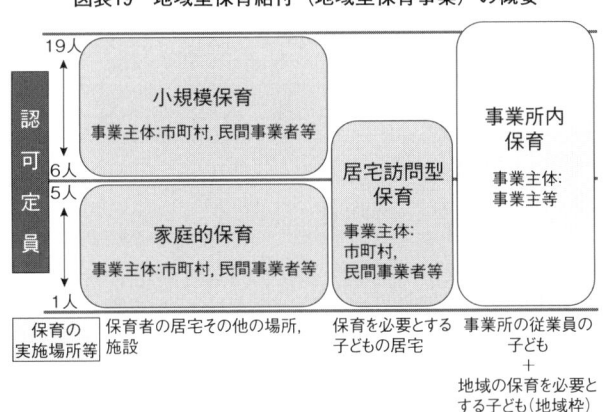

図表19　地域型保育給付（地域型保育事業）の概要

認可定員	小規模保育 事業主体：市町村，民間事業者等	居宅訪問型保育 事業主体：市町村，民間事業者等	事業所内保育 事業主体：事業主等
	19人 ↕ 6人 5人 ↕ 1人		
	家庭的保育 事業主体：市町村，民間事業者等		
保育の実施場所等	保育者の居宅その他の場所，施設	保育を必要とする子どもの居宅	事業所の従業員の子ども＋地域の保育を必要とする子ども（地域枠）

（資料出所：内閣府　子ども・子育て会議第10回「資料1　地域型保育事業について」，p.1.）

ほか，地域において保育を必要とする子どもを対象として運営する保育施設。

2．社会資源としての地域子育て支援事業

(1) 妊婦健康診査

妊娠の健康管理の充実及び経済的負担の軽減を図ることにより，安心して妊娠・出産ができる体制を確保することを目的とし，妊婦に対する健康診査を行うものです。通常，医療機関を受診し妊娠が確認されると妊娠届出書が発行され，この妊娠届出書を市町村に提出することで母子健康手帳が交付されます。その際一緒に交付されるのが，妊婦健康診査受診票です。

近年，妊娠しても妊婦健診を受診しない「未受診妊娠」や，健診を受診せず分娩の予約もしないまま産気づいたときに医療機関を受診するか救急搬送されるなどして出産する「飛び込み出産」が社会問題として顕在化しています。妊婦健診は，安全・安心な出産のために重要であることから，子ども・子育て支援法では「地域子ども・子育て支援事業」に位置づけるとともに，市町村に対しては妊婦健診の確実な実施を求めています。

光田信明は，大阪府における4年間の継続的な実態調査を踏まえ，未受診妊娠と児童虐待との接点を見出し，妊娠期からの児童虐待防止をにらんだ「妊婦相談体制の構築」の必要性を指摘しています[8]。妊婦健診の受診の有無は，安全・安心な出産のためだけでなく，その後の継続的かつ予防的な家庭支援の必要性を示すサインでもあるといえるでしょう。

(2) 乳幼児健康診査

母子保健法に基づき市町村が乳幼児に対して行う健康診査です。通常，乳児健診（0歳児），1歳6か月健診，3歳児健診が実施されています。平成24(2012)年度の乳幼児健康診査の受診率は，乳児（3～5か月児）が95.5％と最も高く，1歳6か月児が94.8％，3歳児が92.8％となっています[9]。未受診

の子どもの家庭においては，ネグレクトや不適切な扱いが懸念される事例もあり，地区担当の保健師が連絡を取り受診を促すなど地域での継続的な見守りを行っています。

　本来乳幼児の健康診査は，発育や健康状態を把握し，健康上の異常やリスクの早期発見の機会として重要なものです。しかし，健診が自分の子育ての良し悪しを判定される場のように感じ負担に思う保護者がいたり，わが子の発達の遅れを自覚していても健診の場で指摘されることを辛く感じる保護者がいたりします。大勢の乳幼児を診査する流れにおいて，このような保護者の気持ちにいかに寄り添うことができるかを考えることが肝要です。

　また見方を変えれば，健診は，地域の同月齢または同年齢の子どもとその保護者が一堂に集う機会であるともいえるでしょう。健診の順番を待っている時間などを利用して，地域子育て支援拠点による出張ひろばが開催されたり，保護者同士の交流会，ブックスタートなどの先駆的な試みも報告されています。

(3)　地域子育て支援拠点事業

　先述のように，乳幼児とその保護者が相互に交流できる場所を開設し，子育てについての相談，情報提供などを行う事業です。核となる基本事業として，①子育て親子の交流の場の提供と交流の促進，②子育て等に関する相談・援助の実施，③地域の子育て関連情報の提供，④子育て・子育て支援に関する講習等の実施が定められています。

　地域子育て支援拠点は，親同士の出会いと交流の場であり，子どもたちが自由に遊びかかわりあう場です。親は親で支えあい，子どもは子どもで育みあい，地域の人たちが親子を温かく見守ることが，子育ち・子育てにおいては必要不可欠な経験となります。すなわち，地域子育て支援拠点は，親子・家庭・地域社会の交わりをつくりだす場なのです。

　事業の成り立ちと再編については第2節で述べましたが，2014年度からは事業種別として「一般型」「連携型」に再編されました。一般型の事業内容は，先の基本事業に加え，市町村からの委託によって拠点開設場所を活用した一時

預かり事業や，放課後児童健全育成事業，拠点施設を拠点とした乳児家庭全戸訪問事業などを行うこともできます。連携型は，児童福祉施設・児童福祉事業を実施する本体施設との連携によって基本事業を行います。

　身近な地域にある子育て支援拠点は，子育て家庭にとって，気軽に利用することができる社会資源の1つです。保護者にとっては，子どもと共に遊びに行く場所であると同時に，子育てについて相談したり情報を得ることができるなど，多様な支援につながることができる場所としての働きも担っているのです。

(4)　乳児家庭全戸訪問事業（こんにちは赤ちゃん事業）
　生後4か月までの乳児がいるすべての家庭を保健師や助産師等が訪問し，様々な不安や悩みを聞き，子育て支援に関する情報提供を行うとともに，養育環境等の把握を行う事業です。支援が必要な家庭に対しては適切な支援の利用につなげることも目的としています。地域によっては，全戸訪問事業に民生委員・児童委員や地域子育て支援拠点のスタッフなどが同行し，地域の社会資源の利用につなげる取り組みも行われています。

(5)　養育支援訪問事業
　養育支援が特に必要な家庭を保健師・助産師・保育士等が訪問し，保護者の育児，家事等の養育能力を向上させるための支援（相談支援，育児・家事援助）を行う事業です。乳児家庭全戸訪問事業の実施結果や母子保健事業，妊娠期からの子育て支援や関係機関の連絡・相談，通告などにより，養育支援の必要性が把握されます。
　おもな事例としては，①若年の妊婦，妊婦健康診査未受診や望まない妊娠等の妊娠期からの継続的な支援を特に必要とする家庭，②出産後間もない時期の養育者が，育児ストレス，産後うつ状態，育児ノイローゼ等の問題によって，子育てに対して強い不安や孤立感等を抱える家庭，③食事，衣服，生活環境等について不適切な養育状態にある家庭など，虐待のおそれやそのリスクを抱え，特に支援が必要と認められる家庭，④児童養護施設等の退所又は里親委託の終

了により，児童が復帰した後の家庭などが挙げられます。個々の家庭の必要性に応じどのような支援が必要なのかを把握し，計画を立て，地域の様々なサービスを組みあわせるなどして包括的な支援を行うことが肝要です。

(6) 放課後児童クラブ

保護者が就労等により昼間家庭にいない児童に対して，学校の余裕教室や児童館等で，放課後に適切な遊びと生活の場を与えて，健全な育成を図る事業です。平成9（1997）年に放課後児童健全育成事業として児童福祉法に位置づけられるまでは，自治体の事業等において「学童保育」と呼ばれることが多かったことから，現在もそのままの名称が使われる場合が多々あります。

近年，共働き家庭の増加に伴ってクラブ数も急増しており，全国で2万か所以上に達しています。また大都市圏を中心に待機児童が発生しており，定員が40人を超える大規模なクラブも少なくないことから，子ども・子育て支援法を柱とする新しい制度体系においては重点施策の1つに掲げられています。なお，新制度の施行に伴い，おおむね10歳未満の小学生であった対象が，年齢制限のない小学生に拡大されています。

(7) 子育て短期支援事業

保護者の疾病，育児不安，育児疲れ，冠婚葬祭等の理由により児童の養育が一時的に困難な場合等に，児童養護施設等の入所施設において夜間や宿泊を伴う保育を行う支援で，以下の2種類の事業があります。
- ■トワイライトステイ（夜間養護等事業）…保護者が社会的理由などにより一時的に保育できない場合，おおむね夜間10時までの保育や，休日等の保育を行う。
- ■ショートステイ（短期入所生活援助事業）…原則として7日までの宿泊を伴う保育。

(8) ファミリー・サポート・センター事業

　乳幼児や小学生等の子育て中の保護者を会員として，一時的，短期間の預かり等の援助を受けることを希望する者（依頼会員）と，子どもを預かることを希望する者（提供会員）による相互援助活動に関する連絡，調整を行う事業です。保育所の送迎，学童後の預かり，冠婚葬祭や学校行事等の一時的預かりなどが行われています。

(9) 一時預かり事業

　家庭で保育を受けることが一時的に困難となった乳幼児について，おもに昼間，保育所その他の場所において子どもを保護者から一時的に預かる事業です。対象は，主として認可保育所等を利用していない家庭とその子どもで，事業種別としては以下の2つがあります。

■保育所型…従来の「一時保育」から移行。保育士2名以上を配置する。
■地域密着型…地域子育て支援拠点，駅ビル，商店街等で実施するもの。保育士を2名以上配置する「Ⅰ型」と，保育士1名と一定の研修を修了した者1名以上を配置する「Ⅱ型」がある。

(10) 病児・病後児保育事業

　保育所，乳児院，医療機関等に併設し，病気回復期にある乳幼児の保育を行う事業です。病児（病気の最中）を預かる保育を別に「病児保育」といいます。病後児保育は，保育士以外に常勤の看護師等が配置されます。病児保育は医療機関に併設し，医師の配置が必須となります。

3．その他の社会資源

　子ども・子育て支援法を柱とする新制度において重点施策に位置づけられてはいませんが，地域住民の互助や民間での取り組みを中心に，子育て支援の一翼を担う社会資源についても紹介します。

第2章　保育・子育て支援における家庭支援　55

(1) 子育てサークル

　子育てサークルは，育児サークル，ママサークルとも呼ばれ，子育て中の親たちが子どもと共に集まって遊んだり，情報交換をしたり，日常の子育ての悩みをお互いに相談しあうことを目的とする子育てのグループやその活動を指します。少子化対策としては，新エンゼルプランにおいてサークルの育成支援が打ち出されたこともあり，地域子育て支援センターや公民館などでの交流をきっかけに誕生するサークルが増えてきました。また，保育所・幼稚園未就園の子どもたちが集団で遊ぶ経験が少なくなっていることもあり，親子で集まる子育てサークルは子どもの育ちの場としても大切な役割を担っています。

(2) 民生委員・児童委員，主任児童委員

　厚生労働大臣から委嘱を受け，地域住民の見守りや必要な支援を行うことで地域福祉の推進を担い，行政機関の業務に協力する職務を担うのが民生委員です。民生委員は児童委員を兼務しているため，1人の民生委員を「民生委員・児童委員」と呼んでいます。

　児童委員の役割としては母子・父子家庭，児童虐待や要保護児童など児童福祉に関する諸問題に対応する相談や援護活動を行います。また主任児童委員は，

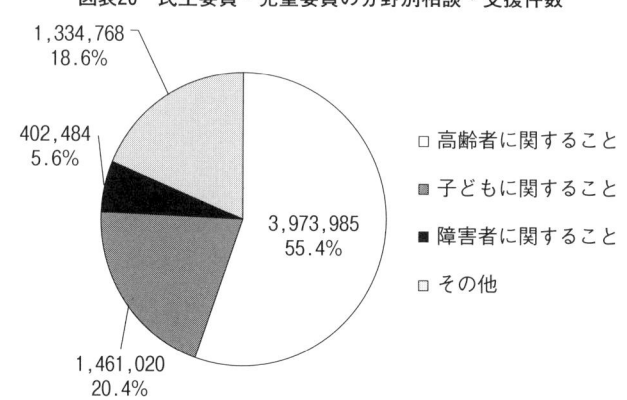

図表20　民生委員・児童委員の分野別相談・支援件数

1,334,768　18.6%
402,484　5.6%
3,973,985　55.4%
1,461,020　20.4%

□ 高齢者に関すること
■ 子どもに関すること
■ 障害者に関すること
□ その他

（資料：厚生労働省「平成24年度社会福祉行政業務報告」に基づき筆者が作図）

1994年の制度改正によって設置され，2001年に法定化された制度で，児童福祉に関する事項を専門的に担当する民生委員・児童委員です。

図表20のように民生委員・児童委員の相談・支援の過半数は高齢者福祉が占めており，子どもに関することの比率は20.4％となっています。子どもに関することの比率は，2003年度は15.4％でしたが，年々増加する傾向にあります。

民生委員・児童委員，主任児童委員の代表などが，多くの自治体において要保護児童対策地域協議会の構成メンバーを務めており，虐待の早期発見や通告，児童相談所等の関係機関との連携による家庭への援助や見守りなどの役割が期待されています。また，乳児家庭全戸訪問事業に関しては，民生委員・児童委員が対象家庭と関係機関の連絡調整や訪問後の家庭への継続的な支援や見守りなどを担当する市町村もあります。近年では，民生委員・児童委員や主任児童委員が中心となり親子の交流の場を運営するなど，地域の子育て家庭との交流に努めている自治体の実践例も報告されています。

(3) 子育てサポーター

子育てサポーターは，文部科学省の事業として2000年度から2003年度までに配置されてきた家庭教育の支援者を指します。現在では都道府県や自治体などの単独事業として養成が行われています。事業実施主体が養成講座を開催し，それを規定どおり受講した地域住民が子育てサポーターとして認定されます。他方，より広義な呼称として，子育てを応援する人や，保育ボランティアやベビーシッターと同様の支援を提供する者の呼び方として使用される場合もあります。

子育てサポーター養成に取り組んでいる長野県上田市では，養成講座終了後の活動として地域子育て支援拠点や公民館などでの子育て支援活動への参加が予定されています。また，サポーター同士の活動報告や情報交換を図るため，サポーター連絡会議を2か月に1度開催したり年に1回は研修会を開催し，サポーター活動の継続と活性化に取り組んでいます[10]。養成講座終了後に活動の場が設けられていることで，地域住民による自発的な子育て支援活動が次第に

(4) 保育ボランティア

地域子育て支援拠点や公民館などで活動する保育ボランティアも，地域住民による子育て支援活動の1つです。地域子育て支援拠点において，利用者親子を対象とした講習等を実施する際に保育ボランティアを活用したり，地域住民を対象にボランティア養成講座を開催するところもあります。地域子育て支援拠点の他にも，都道府県や市町村による養成も行われています。

保育ボランティアの養成は，地域住民が子育ての現状や子育て支援の必要性を学ぶ機会を設けることで，子育て家庭に対する理解者や応援者を増やす役割を担っています。おもな活動としては，親向けの講習会などの託児ルームにおいて有資格者とともに一時預かりを担当したり，地域子育て支援拠点における子どもの見守りなどがあります。

引用・参考文献・注記

1) 三浦愼悟（2010）「動物におけるアロマザリング」根ヶ山光一・柏木惠子編著『ヒトの子育ての進化と文化—アロマザリングの役割を考える—』，有斐閣．
2) 柏木惠子（2011）『父親になる，父親をする—家族心理学の視点から—』，岩波書店．
3) 伊志嶺美津子（2003）「何を支援するのか」伊志嶺美津子・新澤誠治『21世紀の子育て支援・家庭支援：子育てを支える保育をめざして』，フレーベル館．
4) 正高信男（2004）『NHK人間講座 人間性の進化史—サル学で見るヒトの未来—』，日本放送出版協会．
5) 保育所及び幼稚園の施設数（概数）については，保育所数は「平成24年社会福祉施設等調査」（厚生労働省），幼稚園については「平成25年度学校基本調査」（文部科学省）を参考にした．
6) ただし私立保育所に関しては，当分の間は市町村が保育所に委託する現行制度を継続し，市町村が保育料も徴収する．
7) 文部科学省（2013）「平成24年度幼児教育実態調査」
8) 光田信明（2013）「飛び込み出産」『母子保健情報』第67号，日本子ども家庭総合研究所．
9) 厚生労働省（2014）「平成24年度地域保健・健康増進事業報告の概要」
10) 文部科学省生涯学習政策局男女共同参画学習課家庭教育支援室（2007）『家庭教育支援のための連携事例集』

第3章　障害児支援における家庭支援

　これまで障害児に対しては，医療・福祉・教育といった様々な分野において，おもに機能回復や発達に重点を置いた支援が行われてきました。一方でその家族には，子どもにとって身近な「理解者」「支援者」としての役割が期待され，介護や養育にかかる責任を全うすることが求められてきました。

　しかし，家族がそのような役割や責任を一身に背負うことによって，過剰な負担を抱え込んでしまったり，自分たちだけでは解決できない困難に直面する場合も起こってきます。したがって，障害児への支援については，その養育を担う家族に対する支援も一体的に考える必要があります。

　本章では，障害児の子育てを社会的に支援する観点から，障害児福祉分野を中心とする家庭支援のあり方について考察します。

第1節　障害児支援における家庭支援の必要性

1．障害児支援における家族の位置づけ

　第1章で述べてきたように，従来型の福祉制度において，家族は支援の対象として捉えられるよりも，むしろ家庭内における福祉の「担い手」として位置づけられてきました。障害児に対しても，子どもの時期には家族介護を前提とし，家庭生活に困難をきたすほど重大な問題が発生した場合に集中的な支援が行われてきました。

　見方を変えるならば，従来からの障害児福祉制度は入所施設を中心とし，家庭での養育・介護が著しく困難な場合の事後対応にとどまってきたといえます。

現在では，乳幼児期の早期療育の必要性は広く認識されていますが，それらを行う障害児通園施設・事業が各地に整備されてきたのは1970年代以降です。居宅介護や短期入所等のおもな在宅サービスに関しては，2000年代の支援費制度や障害者自立支援法の施行を経て，量的な拡充が進められてきたといっても過言ではありません。

2005年に施行された発達障害者支援法では，障害児者の家族に対する支援が盛り込まれている点において画期的であるといえます。ただし，同法の施行に当たって国から各自治体や教育委員会等に出された通知では，「家族も重要な援助者であるという観点から，発達障害者の家族を支援していくことが重要である」と述べられています。言い換えるならば，家族は支援の対象として捉えられているものの，障害のある本人の援助者という位置づけからは脱却できていないとも解釈できます。

厚生労働省は2008年に「障害児支援の見直しに関する検討会」を構成し，2012年度の制度改正の根拠となる方向性を打ち出しました。その報告書において，見直しの基本的な視点の1つとして「家族を含めたトータルな支援」が掲げられ，障害児支援において初めて家庭支援の視点が盛り込まれました[1]。その後，2014年に同省は「障害児支援の在り方に関する検討会」を開催し，家族への支援を重視する観点から，保護者の子育てと就業の両立支援，精神面でのケア，ペアレント・トレーニングの実施などの方針を打ち出しています[2]。

このように障害児支援の制度・政策面においては，近年になってようやく障害児の家族も「支援の対象」として捉えられるように変化してきました。とはいえ，具体的な施策の展開に向けては検討すべき課題が残されており，今後の動向を注視する必要があります。

2．家族のライフサイクルを見通した支援

障害児とその家族への支援は，乳幼児期，学童期，思春期など，子どもの発達時期によって区切られてしまい，継続性を維持することが難しい場合があり

ます。将来を見すえて切れ目のない支援を行っていくためには，障害児の発達に沿って家族全体のライフサイクルを展望することが必要です。

図表21は，障害児（中途障害を除く）を育てる家族のライフサイクル視点から，子どもの発達段階に沿って課題をまとめたものです。個人差があることを

図表21　家族ライフサイクルから見た生活課題

発達課題 (子どもの発達 に対応して)	家族の生活課題（とくに親を中心に）		
	親の心理面における課題	家族内における課題	社会関係における課題
乳幼児期 （0歳～就学まで）	●障害の受容 　子どもの障害を受容する ●将来の不安への対応 　子どもの将来に関する悲観的な予測や不安の克服	●子どものケアや育児方法の獲得 　子どもの特性に見合ったケアの方法や育児方法を獲得する ●次子の出産計画 　子どもの障害が遺伝的な要因による場合には，次子をつくるかどうかの決定	●医療・保健ケアの確保と維持 　障害の治療や機能回復等に効果的な医療・保健サービスの確保と維持 ●学校教育への準備 　最適な教育の場を求めて，教育機関の選択
就学期前期 （小学校～中学校まで）	●他の子どもとの比較 　障害を持たない他の子どもとの比較によって生じる悲観や焦りの克服	●家族内の役割の調整 　両親（夫婦）間，きょうだい間の意見を調整して，誰かに過剰な負担が生じないように家族内の役割を調整する	●教育上の問題への対応 　学校や教師の教育方針と親の方針が食い違う場合の調整 ●放課後等の生活課題 　放課後や長期休暇などの余暇の充実，及び他児との交流の機会の確保
就学期後期 （思春期）	●障害の永続性の認知 　子どもが一生障害をもちながら生活することへの現実的理解と受容	●子どもの性への対応 　子どもの性に関する欲求への適切な対応 ●子ども自身のアイデンティティの問題 　子ども自身のアイデンティティをめぐる葛藤や要求への対応 ●子どものケアと親の能力の再調整 　子どもの身体的成長に伴い増大するケアの負担と，親の体力低下や健康上の問題による能力低下のバランスを図る	●教育終了後の進路の問題への対応 　子どもの進路（福祉的就労を含む）の選択 ●地域生活支援の調整 　成人後の地域生活を視野に入れ，居住，余暇活動を含む支援の検討と選択

（出典：渡辺顕一郎・田中尚樹『「気になる子ども」と「気にする先生」への支援—発達障害児のためにコミュニティ・福祉・教育ができること—』，金子書房，p.140.）

前提としつつも，通常，多くの障害児の家族が経験する一般的な生活課題を示しています。

人間の一生を通して発達が最も急速に進むのが子どもの時期の特徴であり，発達に遅れがある子どもの場合でも，成人期以降に比べ，身体的・精神的な成熟に伴う変化が顕著に現れてきます。それゆえに，子ども自身はもちろんですが，子育てを担う家族のニーズも恒常的に変化するのです。

障害児支援においては，子どもや家庭を取りまく社会関係に目を向けることも大切です。家族（とくに親）は，ライフサイクルの節目において，子どもの発達に応じた最適な医療・福祉・教育などの社会的サービスを選択する必要に迫られます。わが子にとって何が最もふさわしいかを選択することだけでなく，そもそも地域に社会資源が十分に備わっていないことも，親に不安や戸惑いを生じさせる要因になります。

これまで述べてきた家族の生活課題を踏まえるならば，家庭支援に際しては以下のような基本的な態度が求められると考えます。

1) 各発達段階における「親の心理面における課題」をよく理解し，共感的態度や傾聴などによる心理的サポートを行うこと。またそのことが，保護者との信頼関係の形成につながる基本的態度であることを認識する。
2) 「家族内における課題」の解決に向けて，夫婦・家庭内での意見調整を図れるように相談支援を行うこと。子どもとのかかわり方や育児方法に課題がある場合には，ペアレント・トレーニングなどの親支援プログラムの活用も検討すること。
3) 「社会関係における課題」は，社会的サービスの活用が最も必要とされる領域である。医療・福祉・教育等のサービスの紹介を行うとともに，それらのコーディネート（連絡調整）を十分に行うこと。

3．家庭生活における困難

障害児の家族が経験する困難には，子どもの発達時期にかかわらず，家族ラ

イフサイクルのどの段階においても発生し得るものがあります。以下，障害児を養育する過程において，家族が長期的あるいは継続的に抱え続ける可能性がある問題について述べていきます。

■親の障害受容をめぐる困難

　幼い子どもに障害があると診断されれば，ほとんどの親は精神的に動揺します。実際，障害児の母親に話を伺うと，医師から診断を受けた際のショックについて「頭の中が真っ白になった」「どうやって家に帰ったかも覚えていない」と表現されることが少なくありません。障害の早期発見が進むにつれて，このように親が精神的な動揺や混乱を経験する時期も，子どもが幼い時期に集中するようになってきました。

　親の障害受容に関する代表的な研究として，ドローターらによる「段階説」があります[3]。この研究では，子どもが先天的な障害を伴って生まれてきた場合に，その親はショック，否認，悲しみと怒りなどを段階的に経験し，その後しだいに適応や再起に向かうプロセスが示されています。

　一方，障害児の親が受容に至るプロセスは，このような一様な反応ではないという報告もあります。たとえば，確定診断が難しい障害児の親は，段階的に受容に至るよりも，肯定と否定の感情を繰り返す傾向があることが報告されています[4]。いわゆる「段階説」に関して疑問を投げかける研究の多くは，すべての親が受容や適応に至るという前提が，専門職による親への過剰な要求につながりかねないことを指摘しています。

　先の図表21では「障害の受容」を乳幼児期の課題として位置づけていますが，実際，親が子どもの障害受容に要する時間的反応には個人差が見られます。乳幼児期にとどまらず，子どもが学齢期に至っても，親が心理的葛藤を抱え続ける事例は少なくありません。かといって決して「無理解な親」ではなく，わが子の障害を認めづらいという感情は，子どもを愛するがゆえのことであり，親として自然な反応であると見ることもできます。

　親への心理的な支援においては，困難を乗り越えて親自身が成長する可能性

に目を向けることが大切です。そのためには，親に対して早急に障害受容を求めたり，必要以上に励ますよりも，親がありのままに自然な感情を表現できるような支援を行うことが重要になります。多くの場合，子どもの障害を受容する以前に，まずは親自身が他者に受容される経験を必要としています。支援者の態度としては，焦らず，親の気持ちにじっくりと寄り添うことが基本です。

■家族の介護負担

　第2章でも述べてきたように，保守的な性別役割分業が根強く残る日本の社会では，子育ての責任や負担は母親に集中する傾向があります。とくに障害児を養育する家庭においては，子育ての難しさや介護などの役割が加わるために，母親が過剰に負担を抱え込む場合が少なくありません。

　親に対しては心理的な支援だけでなく，物理的な負担を軽減するために保育や介護サービスを積極的に利用できるように促し，子育てに"ゆとり"を保障することが必要です。親が子どもに向きあい，子育てに取り組む精神的・時間的な余裕を持つことが，子どもの発達を促すためにも不可欠です。また，障害児の兄弟姉妹が経験する孤立・孤独に対して支援を行う場合にも，親がきょうだい児にかかわる時間を保障することが基本となります。

　近年，児童福祉の一般施策においては，共働き家庭の増加に伴って保育サービスの拡充が課題となっています。また，少子化の進行によって将来的な労働人口の減少が危惧される中，経済成長戦略としても女性の社会参画が推し進められようとしています。障害児の母親についても例外ではなく，親の就労を含む社会的活動の機会を保障するためにも，障害児の保育・介護サービスのあり方を検討することが求められています。

■サービスに関する情報の不足

　障害児の親に対しては，多様なサービスに関する情報が十分に行き届いていない状況も見受けられます。障害児の医療・福祉制度は複雑に入り組んでおり，しかも相次いで改正が行われてきたために理解しにくいものとなっています。

行政機関から利用者に対して丁寧な説明がなされなければ，サービスの存在を知らないために利用できない状況も起こり得ます。

　親などの養育者のニーズは，子どもの成長にしたがって変化します。また，前項で述べてきたように，障害児とその家族への支援は，サービス自体が子どもの発達時期によって区切られているものが多く，継続性を維持するのが難しい場合があります。障害児の親が抱える将来に対する漠然とした不安は，情報や資源そのものが不足する中で，先の見通しが見えないことに起因する場合が少なくありません。

　一般的に，乳幼児期には保育や療育等のサービスに関する情報が，また学童期になれば子どもの成長に伴って教育や介護サービス等の情報がより必要になってきます。さらに思春期以降は，子どもの社会的自立を控えて，就労支援や地域生活のためのサービスの情報も求められるようになります。これらに加えて医療依存度が高い重度障害児の場合，子どもの健康状態や病状の変化によって，その都度適切な医療サービスの情報が不可欠です。

　したがって障害児の親に対しては，児童相談所などの行政機関だけでなく，身近な地域における細やかな相談・情報提供等の支援が必要です。後述する障害児相談支援事業や，子育て支援における利用者支援事業には，このような身近な相談の場としての働きが期待されています。

第2節　障害児福祉制度と家庭支援

1．障害児福祉制度の改革

　障害児福祉制度は，障害者福祉，子ども家庭福祉のいずれから見てもマイナーであり，そのため長らく十分な検討が進められてこなかったといえます[5]。しかしながら近年では，知的障害を伴わない発達障害診断の確立に加え，未熟児出産，出生後早期の疾病の生存率の向上により，障害児福祉の対象は拡大・多様化しています。

その反面,障害児とその家族が利用できる社会的支援は今なお不足しており,大都市圏では保育所だけでなく,障害児が通う施設でも待機児童を抱えています。他方,都市部を離れれば,障害児に対応する支援がほとんど整備されていない地域が残されています。障害児とその家族が,身近な地域において必要な支援を受けられる体制の整備が重要な課題となっているのです。

障害児支援の拡充を図るため,障害者自立支援法(現:障害者総合支援法)及び児童福祉法等の改正が,平成24(2012)年4月から施行されました。図表22に示すように,在宅の障害児支援は「居宅サービス」と「通所サービス」に,障害種別で分けられていた就学前の通園施設も「児童発達支援」と「医療型児童発達支援」に再編されました。また,従来からの身体障害や知的障害だけでなく,発達障害児も対象として明確に位置づけられたのが特徴です。

様々なサービスを計画的に利用するために,保護者への相談支援も強化されました。サービスを利用する際には,適切なサービスの選択と組みあわせを検

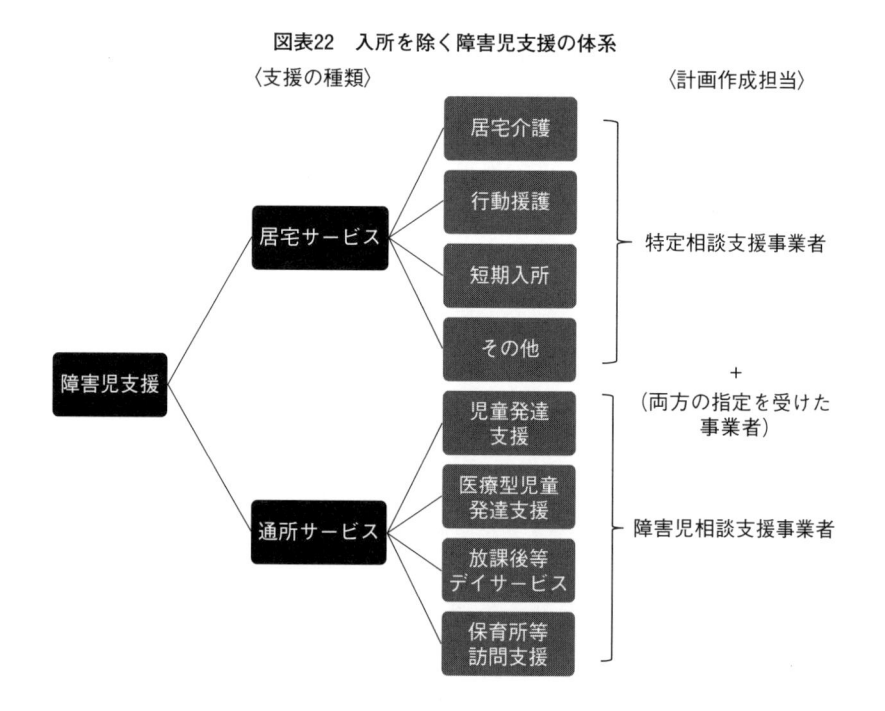

図表22 入所を除く障害児支援の体系

〈支援の種類〉　　　　　　　　　　　　〈計画作成担当〉

障害児支援
- 居宅サービス
  - 居宅介護
  - 行動援護
  - 短期入所
  - その他

  → 特定相談支援事業者

  +
  (両方の指定を受けた事業者)

- 通所サービス
  - 児童発達支援
  - 医療型児童発達支援
  - 放課後等デイサービス
  - 保育所等訪問支援

  → 障害児相談支援事業者

討した支援計画が必要になり、その案を作成するのが「特定相談支援事業者」と「障害児相談支援事業者」です。介護保険制度での"ケアマネージャー"の役割と言ってもよいでしょう。通常は、両方の指定を受けた相談支援事業者が支援計画案を作成することとなっています。

2．障害児支援における計画相談

　制度改正に伴う変更点の1つに、「計画相談」の導入があります。これは、障害児とその家族に対する相談支援を強化し、地域生活を支える重要な方策として位置づけられます。

　先の図に示すように、在宅の障害児支援は、大別すると居宅サービスと通所サービスによって構成されており、どちらを利用する場合にも事前の支援計画案の作成を要件としています。市町村は、この計画案を勘案して支給決定を行うこととなっているため、支援計画案を作成する相談支援事業者は、サービス利用に当たって重要な役割を担っています。

　制度上では、居宅サービスの利用計画を「サービス等利用計画」、通所サービスの利用計画を「障害児支援利用計画」と呼び、サービス利用後も一定期間ごとにモニタリング（計画の見直し）を行うことになっています。このように計画相談とは、障害児の保護者などからの相談に応じ、計画的かつ効果的なサービス利用を支援することを指します。

　ただし、障害児とその家族が負担を抱え込むことなく、家庭・地域生活を継続するためには、身近な地域で支援を受けられることが何よりも大切です。計画相談も、サービスメニューが整っているからこそ、それらを調整する働きが生かされるのです。地域に支援が不足し、利用者が選択するだけの余地がなければ、計画相談はいわゆる「絵に描いた餅」に過ぎません。

　また、相談支援事業者には一定の資格要件が設けられていますが、実践的側面から見ても、高齢者や障害者の相談支援とは異なる専門性を必要とします。障害児福祉サービスだけでなく、保育所など他の児童福祉施設、学校、母子保

健なども含む幅広い知識やネットワーク形成が求められるからです。相談支援事業者は市町村が指定することになっていますが，力量を備えた事業者を確保または選定するとともに，都道府県においては資質向上に向けた研修体制の確立が求められます。

3．児童発達支援の機能と役割

障害の早期発見が進むにつれ，親が障害の受容をめぐって心理的な動揺を経験する時期も乳幼児期へと移行してきました。この時期には，障害児を対象としたサービスを利用すること自体に抵抗感が生じやすく，社会的な孤立を避けるためにも，親に対する早期の心理的支援を行うことが求められます。また，子どもが成長するにつれて，家族が子育てや介護に伴う負担を抱え込むことがないように，家庭支援の観点からも計画相談を行い，サービスの利用を促すことが必要とされます。

就学前の障害児に対する通所支援としては児童発達支援（医療型を含む）があり，児童福祉施設である児童発達支援センター（福祉型・医療型），及び児童発達支援事業に分類されます。このうち，児童発達支援センターは，地域の中核的な支援機能を担う施設です。2012年で，福祉型が全国に316か所，医療型が109か所設置されています[6]。

児童発達支援センターは，従来から療育と呼ばれてきた発達支援だけでなく，保護者に対する相談支援（計画相談を含む）を行うとともに，保育所や幼稚園などに専門職が出向く保育所等訪問支援にも取り組むこととされています。また，医療型は，肢体不自由児など医療を必要とする子どもを対象とするため，医療機能をも備えています。このように児童発達支援センターは，発達支援・訪問支援・相談支援を実施するがゆえに，子どもに対しては総合的な支援を保障し，家族にはワンストップ対応を行う地域の拠点としての働きが期待されています。

これに対して児童発達支援事業は，児童福祉施設としての基準に縛られない

「事業」であり，事業の開設・開始が比較的容易であることが特徴です。NPO法人などの市民活動団体による事業所が増加しており，身近な療育の場として量的整備が進められています。2012年には事業所数が2,804か所となっており，児童発達支援センターの6倍以上に達しています[7]。児童発達支援事業については，相談支援や保育所等訪問支援は必須とされていませんが，任意に取り組む事業所もあります。

児童発達支援（医療型を含む）は，原則的に就学前の障害児を対象とする施設・事業です。ただし，地域の拠点機能を担う児童発達支援センター（福祉型・医療型）はもちろんのこと，児童発達支援事業についても，身近な地域に存在する社会資源として，保護者の子育てを支える役割が期待されます。乳幼児期は，養育者が不安や動揺を経験しやすい時期だけに，親の気持ちに寄り添う支援に取り組むことが基本となります。

第3節　障害児支援と子育て支援の連携

1．幼児期からの社会経験の積み重ね

障害児に対しては，これまでにも保育所や地域の学校における受け入れが徐々に進められてきました。しかし今でも，障害があるために，障害のない子どもたちと一緒に保育や学校教育の場面に参加できない場合があるのも事実です。

障害児の発達を支えるために，児童発達支援センターや特別支援学校は必要ですが，一方で子どもたち同士がかかわりあい，育みあう機会を保障することも大切です。これは障害児に限らず，本来はあらゆる子どもに対して児童福祉や教育に携わる専門職が担う大切な役割だと思います。

また，障害のない子どもたちにとっても，幼いころから様々な子ども同士の交流があり，障害のある同胞もいて社会が構成されていることを理解することが大切です。障害があっても，他の子どもと異なる特別な存在ではなく，他の

子どもと同じ子どもであるという視点を欠くことはできません。むしろ，様々な子どもが互いのふれあいの中で育っていくことは，障害のある子どもにとってもない子どもにとっても有益なことと考えられます[8]。

　図表23は，障害のある・なしにかかわらず，あらゆる子どもの育ちや子育てを社会的に支えるために，制度や実践の体系がどうあるべきかを図式化したものです。図の上半分は，いわゆる障害児施策と一般施策が，多くの部分において分離している現状を示しています。障害児とその家族は障害に特化した支援の対象となり，地域の子育て支援や保育等の一般施策の対象として明確に位置づけられていません。そのために障害があるかないかによって受けられるサービスが分離され，子どもだけでなく親同士もふれあうことが難しくなっています。

　これに対して図の下半分では，障害のある・なしにかかわらず同じ子どもで

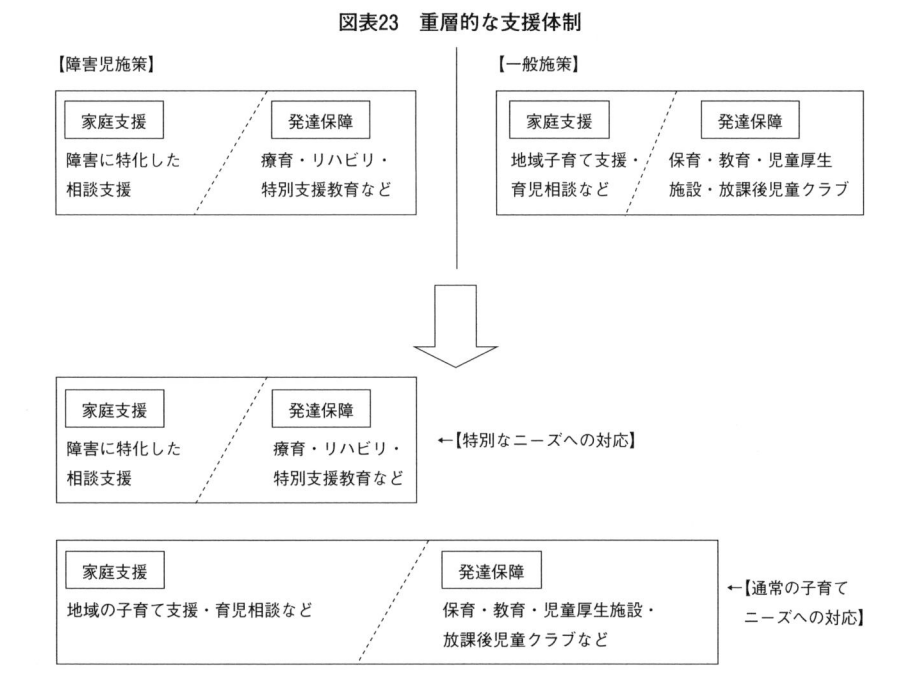

図表23　重層的な支援体制

【障害児施策】

家庭支援	発達保障
障害に特化した相談支援	療育・リハビリ・特別支援教育など

【一般施策】

家庭支援	発達保障
地域子育て支援・育児相談など	保育・教育・児童厚生施設・放課後児童クラブ

⬇

家庭支援	発達保障
障害に特化した相談支援	療育・リハビリ・特別支援教育など

←【特別なニーズへの対応】

家庭支援	発達保障
地域の子育て支援・育児相談など	保育・教育・児童厚生施設・放課後児童クラブなど

←【通常の子育てニーズへの対応】

あり，親の子育てのニーズにも共通部分があることを前提としています。地域の子育て支援や保育・教育等の機会があらゆる家庭に平等に保障され，その上に，障害に特化した家庭支援や発達保障が重層的に組み立てられるべきと考えます。このような仕組みの中で，障害児とその家族も，地域のあらゆるサービスを利用する機会が保障され，必要に応じて特別なニーズに対応するサービスを並行して利用できる体制へと移行すべきです。

　このような体制への移行は，制度的に明確な裏づけがあるほうが望ましいですが，支援者の意識のあり方を変えるだけでも実際の変化をもたらすことができます。子育て支援や保育等にかかわる実践者が「障害児支援は自分たちの専門ではない」，あるいは障害児支援の実践者が「子育て支援は自分の仕事とは関係ない」と関心を持たないことがあるならば，そのような考え方を変えていくことから始めなくてはなりません。

2．乳幼児期の早期発見・早期対応

　発達の基礎が培われる乳幼児期に，子どもの育ちをめぐって不安を抱え孤立しがちな親に対して，子育てに取り組むゆとりを回復するように支援することは大切です。障害児の親として"第一歩"を踏み出す時期に支援を開始することは，その後の予後をも左右する予防的な効果が期待されます。

　図表24は，知的障害児が診断・判定を受けた時期を示しています。このデータからは，知的障害児の約6割は3歳児健診までに診断が確定したことがわかります。また，調査時点で18歳以上だった障害者の場合，小学校入学以降に診断を受けた人が少なくないことから，以前よりも早期発見が進んできたこともわかります。母子保健法に基づいてすべての市町村で実施されている乳幼児健康診査（以下，乳幼児健診）は，障害の早期発見という観点から，ますます重要性を帯びてきているといえます。

　発達障害に関しても，乳幼児健診でのスクリーニングの精度を高めるほか，「5歳児健診」などに取り組む自治体も登場し，早期発見に力が入れられてい

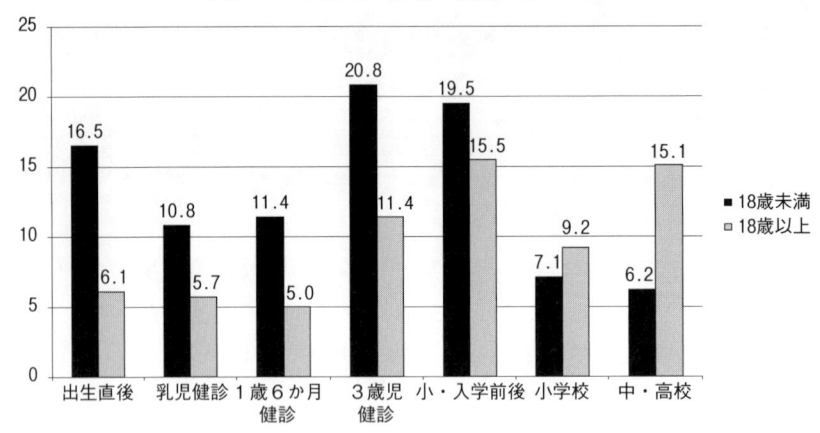

図表24　知的障害の診断・判定を受けた時期

	出生直後	乳児健診	1歳6か月健診	3歳児健診	小・入学前後	小学校	中・高校
18歳未満	16.5	10.8	11.4	20.8	19.5	7.1	6.2
18歳以上	6.1	5.7	5.0	11.4	15.5	9.2	15.1

（資料：厚生労働省（2005）「平成17年度　知的障害児（者）基礎調査」の概要に基づき筆者が作図）

ます。しかし，知的障害や身体障害に比べて，知的発達の遅れを伴わない発達障害については，周囲の気づきや発見が遅れるだけでなく，確定診断の難しさも相まって経過観察になる場合も少なくありません。

　診断が未確定であることによる戸惑いや不安，あるいは診断が確定的でも子どもの障害を受容するという家族の側の課題を考えると，保護者に無理強いすることなく，できるだけスムーズに乳幼児健診から必要な支援に結びつく体制が必要です。療育などの発達支援，そして子育て支援へと，いつでも，どこでも，いつからでも利用できる仕組みを築くことが課題となっているのです[9]。

3．障害児支援における子育て支援の役割

　第2章でも述べてきた地域子育て支援拠点は，"障害児支援"を掲げた施設ではないだけに，診断が未確定であったり障害を受け止めきれない親にとって，利用しやすい面があります。筆者は2007年に，地域子育て支援拠点を利用する障害児の親に対する調査を行い，62団体に属する132人から回答を得ることができました。図表25は，その結果をまとめたものです。

第3章　障害児支援における家庭支援　73

図表25　地域子育て支援拠点で得ているもの（利用者一般と障害児家庭の比較）

■ 障害児の親　□ 利用者一般

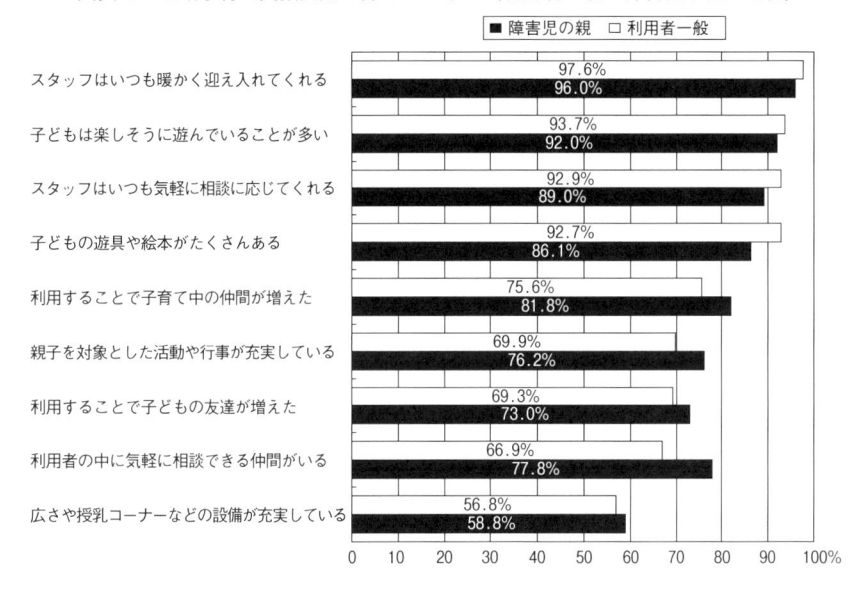

項目	利用者一般	障害児の親
スタッフはいつも暖かく迎え入れてくれる	97.6%	96.0%
子どもは楽しそうに遊んでいることが多い	93.7%	92.0%
スタッフはいつも気軽に相談に応じてくれる	92.9%	89.0%
子どもの遊具や絵本がたくさんある	92.7%	86.1%
利用することで子育て中の仲間が増えた	75.6%	81.8%
親子を対象とした活動や行事が充実している	69.9%	76.2%
利用することで子どもの友達が増えた	69.3%	73.0%
利用者の中に気軽に相談できる仲間がいる	66.9%	77.8%
広さや授乳コーナーなどの設備が充実している	56.8%	58.8%

　図中の利用者一般の回答傾向は，比較のために，筆者が2004年に地域子育て支援拠点（旧：つどいの広場事業）を対象とした調査結果から引用しています。調査を行った年次，対象，回答者数も異なるため，あくまでも参考として捉えていただきたいと思います。これらの結果からは，障害児の親にとって，他の利用者一般と比較しても遜色のない支援効果が示されているといえます[10]。

　その一方で，障害児の親を対象とした上記の調査からは，障害児支援施設と比較して利用しやすいように見える子育て支援の場が，実際には利用しにくい場合があることもわかってきました。以下は，アンケート調査の自由記述やヒアリング調査を通して明らかになった障害児の親のおもな意見をまとめたものです。

▶　自分や子どもが受け入れられるのか不安だった
▶　はじめは障害があることを隠そうかと思った
▶　子育てひろばに行くには勇気が必要だった
▶　他の子どもに迷惑をかけるのではないかと思うと心休まらない

- ▶ 障害が軽くても，他の子どもと一緒に遊ばせていて気を使う
- ▶ 障害のない子どもの元気な様子を見るのがつらい
- ▶ 子どもが幼い頃は成長の可能性を信じていて，なかなか障害を認めたくない

　障害児支援施設の利用には踏み切れない親にとって，地域子育て支援拠点は利用しやすい面はありますが，その半面で，障害児を持たない利用者が多数を占めるだけに，自分たち親子が受け入れられるのかという不安を抱きやすい傾向もあります。

　上記の調査対象となった障害児の親は，その不安を乗り越えて利用に結びついた人たちですが，実際には地域子育て支援拠点などを利用せず，子どもの発達をめぐる不安や葛藤を抱え込んでいる親が相当数存在することも予想されます。親が孤立し，問題を抱え込むことで虐待のリスクが高くなったり，あるいは家庭生活にまで破綻をきたすような結末は回避しなければなりません。

　そのためには，母子保健事業，とくに乳幼児健診などのいわゆるエントリー部分の対応の見直しが急務であると考えます。現行のスクリーニング的な健診機能だけでなく，次の支援に結びつく道筋や選択肢を用意し，多様な支援への入口としての機能を高める必要があります。そのためには，乳幼児健診の場に障害児支援や子育て支援の専門職がかかわり，その場でサービスの説明や相談に応じるなど，なるべく自然な形で利用者との関係形成に努めることが大切です。

4．地域の連携を高める

　先述の地域子育て支援拠点を利用する障害児の親に対する調査では，地域子育て支援拠点の支援者に対しても聴き取り調査を行いました。その結果，支援者側の課題として，障害に関する知識不足，親に対する配慮やかかわり方の難しさ，子ども同士のふれあい促進の難しさなどが報告されています。このよう

に障害児支援の専門機関ではない子育て支援の場では，どうしてもその対応に限界が生じることは否めません。

　したがって，地域の連携に基づいて，支援者同士がそれぞれの専門性を生かしつつ，お互いにバックアップしあう体制が必要だと考えます。すなわち，障害児支援の専門職が実践の中で積み重ねてきた知識を子育て支援の実践者と共有しつつ，共にその支援のあり方を検討できるような場を設定することです。また，そのような機会を設定することは，障害児支援に携わる専門職にとっても利用者理解を促し，地域の連携のあり方を再検討する機会になるでしょう。

　児童発達支援センターなどの療育施設の支援者には，乳幼児健診，保育所，地域子育て支援拠点などに出向き，障害児とその親だけでなく，他の専門職を支援する働きが求められます。自分たちの支援を施設という「場」ではなく，「活動」として捉え，地域の多様な場において活動を展開する視点が今後は大切になります。そのような意味で，2012年度から児童発達支援センター（医療型・福祉型）に付加された「保育所等訪問支援」は重要な働きを担っています。これによって，障害児本人への発達支援だけでなく，訪問先施設の職員に対する助言・指導等を一体的に行うことも可能です。

　他方，制度上に明確に位置づけられていない地域の発達支援や療育のためのグループも，障害児を養育する家庭への早期支援の一翼を担っています。通常，保健師などのかかわりの下，親子教室や発達教室などの名称で，月1～2回程度の頻度で開催されている場合が多いと思います。このように「障害」という対象の括りではなく，親として発達に気になる点や心配がある場合に，親子で無理なく参加できる定期的なグループやサークル活動を，地域に定着させることが重要です。また，そのような場に子育て支援や療育の専門職がかかわりを持つことで，次の支援に結びつく機会を拡大することも期待できます。

第4節　発達障害児に対する「気になる」段階からの支援

1．就学前施設における早期支援の課題

　幼児期に「気になる子ども」として報告される事例には，保育士や幼稚園教諭などが「発達障害ではないか」と疑う子どもが含まれています。こうした子どもに見られるのは，知的発達の遅れよりも，落ち着きがない，集団に適応できないなどの行動特徴である場合が少なくありません。

　近年，発達障害の早期発見に力を入れる自治体が増えていますが，それでもなお発達の早期段階での障害の見極めは容易ではなく，保育所・幼稚園などでの集団生活においていわゆる"問題行動"が顕在化し，保育者が対応に苦慮する事例が報告されています。たとえば池田らが，保育者124名から回答を得た調査では，85名が気になる子どもについて問題や悩みがあると回答し，子どもに見られる特徴として「ことば・コミュニケーションに関する問題」「行動に関する問題」「社会性・対人関係に関する問題」「情緒に関する問題」などが挙げられています[11]。

　厚生労働省による『軽度発達障害児に対する気づきと支援のマニュアル』によれば，5歳児健診における発達障害の出現頻度は8.2～9.3％と報告されています[12]。また5歳児健診において障害の可能性を指摘された児童のうち，半数以上が3歳児健診では何ら発達上の問題を指摘されていなかったことも示唆されています。

　筆者が就学前施設（保育所・幼稚園・認定こども園など）を対象に実施した調査では，調査を行った自治体の就学前施設の総児童数に対し，発達障害の診断も指摘も受けていない「気になる子ども」が4.6％在籍していたことが明らかになりました[13]。また，診断や指摘を受けた子どもの人数も加算すると，発達障害児（気になる子どもを含む）の割合は11.4％となっています（図表26を参照）。

　近年，発達障害児の出現率の高まりを示唆するような調査研究が相次いで報

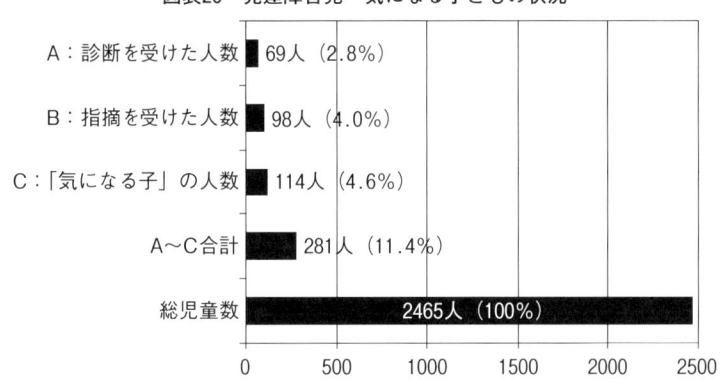

図表26　発達障害児・気になる子どもの状況

- A：診断を受けた人数　69人（2.8%）
- B：指摘を受けた人数　98人（4.0%）
- C：「気になる子」の人数　114人（4.6%）
- A～C合計　281人（11.4%）
- 総児童数　2465人（100%）

告されています。ただし，実態として発達障害児の数が増えているかどうかは今なお不明です。発達障害の診断が次第に確立され，保護者や支援者側の意識が変わってきた影響もあるからです。むしろ，発達障害に対する社会的な関心が高まるにつれて，以前よりも早く受診につながったり，現場の支援者が過度に意識するようになった側面もあるでしょう。

　就学前施設の保育者が，いわゆる「気になる」段階から支援を開始しようと思えば，子どもに障害がある可能性を保護者に伝えて，保護者側の気づきを促すことが必要になります。しかし，そうした助言を伝えても，保護者が受け入れようとしないなどの拒否的な反応が返ってくる場合があります。また，保育者は精神医学の専門職ではありませんから，障害であるかどうかの正確な見極めが難しく，自分の判断に自信が持てない場合もあるでしょう。

　そもそも，わが子に障害があると告げられて，保護者が拒否的・防衛的な態度を示すのはむしろ自然な反応であり，決して「無理解な親」ではありません。多くの保育者はそのような親の心理を理解しているがゆえに，子どもに何らかの支援が必要だと感じていても，最初の一歩を踏み出せずに躊躇します。だからこそ，障害の可能性を見極め，保護者の気づきを促すという難しい役割を保育者だけで抱え込まず，他の専門職と連携しながら慎重に行う必要があるのです。

また，療育の方法に関しても，保育所・幼稚園などの集団生活の場に適した標準的な（理論的に偏りのない）支援方法は確立されておらず，開発途上の段階にあるといえます。加えて，手厚い職員配置が難しいなどの制度上の課題も重なり，たとえ保護者が気づきを受け入れたとしても，子どもの支援に際して困難を経験する保育者が少なくないのが現状です。

2．子どもの発達を急がない

　いわゆる「健常者」の中にも，旅行で宿泊する際に，枕が変わると眠れないという人がいます。環境の変化に対して「過敏」なのです。ただし本人にとっては，気にならない人のほうが「鈍感」だと思うのかもしれません。

　自閉症を軸とする発達障害児によく見られる症状の1つに「感覚過敏」があります。しかし，子どもの視点に立って見れば「鋭敏」なだけで，健常と呼ばれる人たちのほうが「鈍感」なのです。感覚が鋭いだけに，多くの人々が気にしないわずかな変化でも，子どもには耐え難いほど大きな変化であるように感じられます。

　聴覚が過敏であれば，周囲の話し声，机やいすが動く音，空調や室外の音などが気になります。視覚過敏があれば，光の刺激が気になるために，目をしきりに擦ることもあります。触覚過敏があれば，大人が愛情表現で抱きしめても，本人には苦痛かもしれません。不快な刺激が増えるほど，子どもは精神的に落ち着かないために多動になったり，叫び声をあげたり，パニック症状を示す場面も増えます。

　情報処理に難がある子どもであれば，五感を通して得た情報を結びつけ，整理するのが苦手です。幼児であればなおさら，物事を筋道立てて考えたり，言葉や時間などの概念を理解することが難しくなります。このように，発達障害児が感じる世界は混沌としていて，予測不能な出来事に満ち溢れています。常に緊張を強いられるのです。

　こうした特徴は，1人ひとり異なります。支援者に求められる役割は，子ど

もが経験している「生きづらさ」を理解し、不快な刺激を軽減することです。診断が確定していなくても、目の前の子どもが何を不快に感じているかと想像することはできます。たとえば、集団の中で落ち着きがなくなれば、しばらくの間、静かな部屋に移してあげてもよいでしょう。保育所など長時間過ごす施設であれば、日課に見通しが持てるように、1日の流れを視覚化して伝えるなどの工夫もできます。

　まずは子どもにとって安心して、楽しく過ごせる場であるかを考えてください。情緒が安定してくれば、周囲の大人への信頼も高まってきます。身近な大人に対する信頼感を獲得し、落ち着いて過ごせるようになれば、周囲の環境に対する興味や関心の持ち方も変わってきます。これらは乳幼児期の発達における重要な課題です。

　このような安定的な生活が保障されていないのに、急いで治療的な支援を始めようとすれば、子どもは余計に混乱します。子どもの発達の基礎を踏まえ、焦らず、じっくりとかかわりを持つことが大切です。

3．子育てにゆとりを保障する

　発達障害児の子育てにおいては、他児ではあまり見られない困難が生じてきます。意思疎通が難しい、こだわりが強く場面転換がすぐにできない、感覚過敏、睡眠障害、多動など、親が子どもから目を離せない状況が起こりやすいのです。こうした育児の難しさが、発達の初期段階にはすでに始まっている場合が少なくありません。

　また、子どもは自閉傾向が強いほど、親に対する愛着行動を示すことが苦手です。子どもがなついてくれないから、親も愛着を感じにくくなる場合もあります。このように親子の相互関係が深まらず、親の養育行動（マザーリング）が十分に引き出されなくなると、子どもの発達に二次的な遅れが生じる可能性もあります。

　母子関係に支障が生じないように、子どもだけでなく、親に対しても専門的

支援を行うことは大切です。その一方で，母親の多くは子どもの世話に追われ，わずかな休息すら得られないのが現状です。子どもの障害の有無にかかわらず，育児役割は女性に集中しがちです。障害児の子育てには，一般的な育児の負担に加え，介護負担なども重なってきます。親に対して，子どもにじっくりと向き合ってほしいと期待するならば，そのためのゆとりを保障することが必要です。

　欧米の先進国では，障害児の親，被虐待児を養育する里親に介護者を派遣したり，子どもを一時的に預かるサービスとしてレスパイトケア（respite care）があります。その実践が展開されてきた北米では，家族支援プログラムとして明確に位置づけられています[14]。養育者が日々の子育てから一時的に解放され，休息を得ることが，育児困難の抱え込みを防ぐという予防的視点に基づいています。

　日本の福祉制度でいえば，保育所や一時預かり事業などには，レスパイトケアと同じ働きが備わっています。あるいは地域子育て支援拠点において，子どもから一時的に離れ，親同士でゆっくりと過ごすのも効果的でしょう。このように保育や子育て支援には，障害児の専門的支援とは異なる役割が期待されます。障害児の専門施設ではないからこそ，親にとっては診断が確定しない「気になる」段階から利用しやすいという利点もあります。

　発達障害児とその家族への支援は，いわゆる「気になる」段階から，地域での支援体制を整える方向へ向かっています。保育や子育て支援の実践者も，このような体制の一翼を担い，地域全体で障害児の子育てを支える意識を持つことが大事なのです。

4．個別事例に対応したコンサルテーション

　発達障害児に対する保育や療育的支援を効果的に行う観点からも，地域の専門職による連携が必要とされています。その具体的な方法の1つとして，障害児支援の専門機関から就学前施設に職員を派遣し，保育者の相談に応じたり助

言などを行う「コンサルテーション」が挙げられます。

　たとえば，久保山らが保育士・幼稚園教諭585名から回答を得た調査では，外部の専門機関への期待として「保育内容・方法をアドバイスして欲しい」「子どもの様子を見てほしい」が6割を超えていました（図表27参照）[15]。この結果からも，保育者は専門機関に対して，現場で子どもの様子を見て，その場で具体的なアドバイスを提供するなどのコンサルテーションを期待していると考えられます。

　日常的な保育実践の中で，障害児保育に関する専門知識やスキルが不足していると感じる保育者は相対的に多く，外部の専門職によるコンサルテーションが必要とされているのです。たとえば，気になる子どもを保育する上での困難については，平野らが1,267名の保育士・幼稚園教諭から回答を得た調査研究によっても示されています。回答が多かったものから順に，「丁寧にかかわってあげられない」「対応の仕方がわからない」「目が離せない，危険で気が抜け

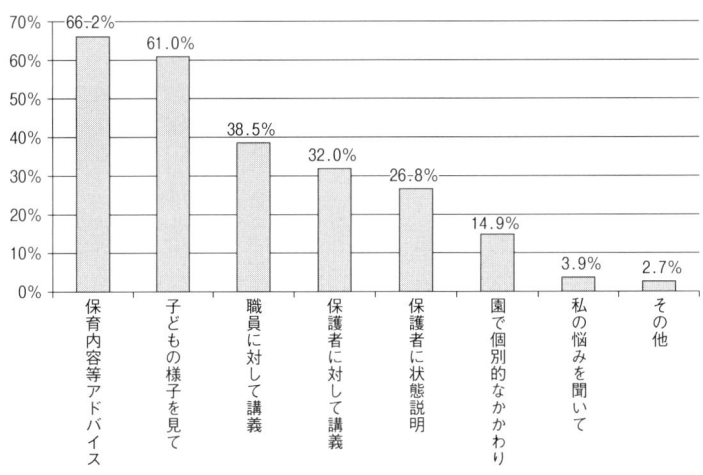

図表27　専門機関への期待

項目	割合
保育内容等アドバイス	66.2%
子どもの様子を見て	61.0%
職員に対して講義	38.5%
保護者に対して講義	32.0%
保護者に状態説明	26.8%
園で個別的なかかわり	14.9%
私の悩みを聞いて	3.9%
その他	2.7%

（出典：久保山茂樹・齊藤由美子・西牧謙吾・當島茂登・藤井茂樹・滝川国芳（2009）「『気になる子ども』『気になる保護者』についての保育者の意識と対応に関する調査：幼稚園・保育所への機関支援で踏まえるべき視点の提言」『国立特別支援教育総合研究所研究紀要』36，p.69.）

ないなど物理的な意味で困っている」などとなっており，対応の仕方だけでなく，職員配置などの物理的制約が困難を生じさせる様子もうかがえます[16]。

　先述のように制度上では，2012年度に「保育所等訪問支援」が創設され，障害児支援の専門職による保育所や幼稚園などへの訪問型支援が強化されました。これによって障害児本人への発達支援だけでなく，訪問先施設の職員に対する助言・指導等を一体的に行うことが可能になっています。ただし「保育所等訪問支援」は保護者の申請によって利用が開始されるため，保護者の"気づき"や理解が十分に得られていない場合には活用することが困難です。従来からある「障害児等療育支援事業」との兼ねあいも考慮しつつ，地域におけるコンサルテーション体制を構築することが急務であるといえます。

5．ペアレント・トレーニング

　子どもの保育を効果的に行うためには，保護者との協力が欠かせません。保護者の意向を尊重しながら，支援方針・支援計画を共有し，同じ目線で子どもにかかわることが重要です。しかしながら実際は，発達障害児の支援をめぐって，保育者と保護者の間で意見が食い違ったり，助言を受け入れてもらえない場合もあります。

　特に養育の大半を任せられている母親は，診断が確定しない段階から育てにくさを感じ，育て方が悪いのかと自分を責める傾向もあります。周囲に相談できる人が存在せず，専門職に相談してもわかってもらえない場合には，心身ともに疲弊した上に孤立することも起こってきます。

　ペアレント・トレーニングは，子育て中の親を対象とする少人数のグループワークです。発達障害児の親に対するプログラムも開発されており，子どもの障害を理解し，子育ての方法について学習する機会を提供しています。

　辻井らの研究では，ペアレント・トレーニング実施後に，母親自身が抱く「理想の母親像・自己像」と現実の自分とのズレが小さくなり，セルフイメージが肯定的な方向に変化したという結果が報告されています[17]。また，田中の

研究によれば、母親自身の自己受容だけでなく、「親同士の仲間ができた」「相談相手ができた」など、グループワークを通したピアサポート効果が認められることも示唆されています[18]。

ペアレント・トレーニングは、プログラムを通して保護者が学ぶ障害理解や子育ての知識を、保育者とも共有できるなら、支援方針・支援計画の共有化にも役立つと考えられます。ただし、これまでにもペアレント・トレーニングの必要性が認識されてきたものの、公的支援として制度化されているわけではなく、現状では保護者がプログラムに参加できる機会は限られています。今後、児童発達支援センターなどが中心となり、地域の支援システムにペアレント・トレーニングを組み込み、就学前段階から保護者が支援を活用できる機会を拡充することが期待されます。

第5節　障害児と家族の地域生活を支える社会資源

障害児とその家族が利用できる社会資源は、制度上、多岐にわたっています。図表28は、子どもの発達時期に沿って利用可能な社会的サービスを整理したも

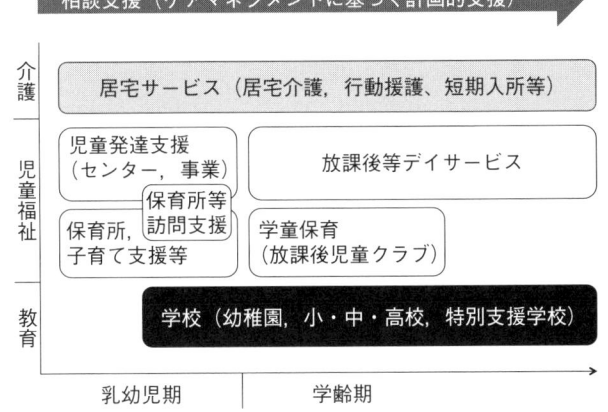

図表28　障害児と家族の地域生活を支える社会資源

のです。図の縦軸の「介護」は障害者総合支援法に基づく居宅サービス,「児童福祉」は児童福祉法に規定された障害児支援や子育て支援サービス等,「教育」は学校教育法による教育施設です。

以下,これまでに述べてきた児童発達支援や計画相談支援等を含み,改めて障害児とその家族が利用できる福祉サービスについて概観します。

1. 相談支援

障害児の保護者などからの相談に対応する機関・施設として,以下のものがあります。とくに(1)(2)については,障害児が居宅または通所サービスを利用する場合に,計画相談を担うこととなっています。

(1) 相談支援事業者（障害者相談支援センター等）

市町村から指定を受けた相談支援センター。障害者本人（成人）からの相談に応じるほか,障害児（と保護者）にも対応するものがあります。市町村には,その中核的機能を担う「基幹相談支援センター」の設置が求められています。

(2) 児童発達支援センター

おもに就学前の障害児に対して発達支援を行う児童福祉施設。子どもが通うだけでなく,保護者からの相談にも対応します。

(3) その他

上記の相談支援事業のほかに,障害児の療育手帳の判定,施設入所を要するような問題にも対応する機関として児童相談所があります。また,発達障害に関する専門の相談機関として発達障害者支援センターも設置されています（いずれも設置主体は都道府県・政令指定都市等）。

2．居宅サービス

在宅の障害児・者に対する介護等のサービスとして以下のものがあります。障害のある本人だけでなく，養育・介護の負担が集中しやすい家族介護者に対して，休息やゆとりを保障する上でも必要な支援です。

⑴　居宅介護（ホームヘルプ）

障害児・者に対する居宅での入浴・排泄・食事などの介護，家事援助等の提供を行います。

⑵　行動援護

知的障害や発達障害などにより，多動・自傷行為などの著しい行動障害が認められる障害児・者に対する危険回避，外出時の移動介護などを行います。

⑶　短期入所

介護者の疾病その他の理由によって家族介護が困難な場合に，障害児・者を障害者支援施設や児童福祉施設等に短期間入所させて入浴・排泄・食事などの介護を提供します。

⑷　同行援護

移動に困難を有する視覚障害児・者に対する外出時の支援です。障害のある本人に同行し，移動に必要な情報の提供や，移動の援護，排泄，食事等の介護などを行います。

3．通所サービス

障害児が通所し，療育などの専門的支援を受けることができる施設（または事業）として以下のものがあります。利用を開始する場合には，相談支援事業

者または児童発達支援センターで「障害児支援利用計画」を作成してもらい，それに基づいて市町村の担当課で支給決定を受ける必要があります。

(1) 児童発達支援センター（医療型を含む）

児童発達支援センター（福祉型・医療型）は，おもに就学前の障害児とその家族に対して地域の中核的な支援機能を担う施設です。医療型は肢体不自由児など医療を必要とする子どもを対象とするため，医療機能をも備えています。子どもが日々通う発達支援の場だけでなく，保護者への相談支援や，保育所等訪問支援にも取り組んでいます。

(2) 児童発達支援事業

おもに就学前の障害児に対して発達支援を行う事業です。保護者に対する相談支援や保育所等訪問支援などの機能を備えていない場合が一般的ですが，それらを任意に行う事業所もあります。障害児がより身近な地域の中で療育等の支援が受けられるように，新規参入を含めて事業所が増加することが期待されています。

(3) 放課後等デイサービス

学齢期の障害児（幼稚園・大学を除く）に対して，放課後や夏休み等の長期休暇中において，生活能力向上のための支援を行います。これによって，学校教育と相まって障害児の自立を促進するとともに，放課後等の居場所づくりを推進する機能が期待されています。より具体的には，①自立した日常生活を営むために必要な訓練，②創作的活動，作業活動，③地域交流の機会の提供，④余暇の提供などの働きが求められています。

(4) 保育所等訪問支援

子どもが通う保育所や幼稚園などに専門職が出向き，発達支援を行う訪問型支援です。基本は2週間に1回程度，児童発達支援センターなどから専門職が

派遣されます。就学前施設だけでなく，必要に応じて学校等への訪問も可能ですが，効果的な支援を行うためには訪問先の施設・学校との連携が求められます。子どもが児童発達支援から保育所・幼稚園に移籍する場合，または並行利用する場合，さらには就学前施設から小学校へ進学するなどの移行期に，支援の引き継ぎや継続性を保障する上でも重要な働きを担います。

引用・参考文献

1) 厚生労働省（2008）『障害児支援の見直しに関する検討会報告書』
2) 厚生労働省（2014）『今後の障害児支援の在り方について（報告書）―「発達支援」が必要な子どもの支援はどうあるべきか―』
3) Drotar. D., Basklewicz. A., Irvin. N., et al. (1975) The adaptation of parents to the birth of an infant with a congenital malformation. A hypothetical model, *Pediatrics*, 56, 710-717.
4) 中田洋二郎（2002）『子育てと健康シリーズ⑰ 子どもの障害をどう受容するか』，大月書店．
5) 柏女霊峰（2011）『子ども家庭福祉・保育の幕開け―緊急提言 平成期の改革はどうあるべきか―』，誠信書房．
6) 厚生労働省「平成24年社会福祉施設等調査」の基本票調査結果に基づく
7) 同上
8) 前掲書1）
9) 近藤直子（2007）「発達支援の視点に立った障害乳幼児療育体系の検討」『障害者問題研究』35(3).
10) 渡辺顕一郎・野崎晃広他（2006）「地域子育て支援拠点を活用した障害児支援の可能性の検討」（主任研究者：渡辺顕一郎），厚生労働省平成19年度障害者保健福祉推進事業報告書．
11) 池田友美・郷間英世・川崎友絵・山崎千裕・武藤葉子・尾川瑞季・永井利三郎・牛尾禮子（2007）「保育所における気になる子どもの特徴と保育上の問題点に関する調査研究」『小児保健研究』66(6).
12) 厚生労働省（2007）『軽度発達障害児に対する気づきと支援のマニュアル』（主任研究者：小枝達也）．
13) 渡辺顕一郎・田中尚樹（2014）「発達障害児に対する『気になる段階』からの支援―就学前施設における対応困難な実態と対応策の検討―」『日本福祉大学子ども発達学論集』6.
14) 渡辺顕一郎（2009）『子ども家庭福祉の基本と実践―子育て支援・障害児支援・虐待予防を中心に―』，金子書房．
15) 久保山茂樹・齊藤由美子・西牧謙吾・當島茂登・藤井茂樹・滝川国芳（2009）「『気になる子ども』『気になる保護者』についての保育者の意識と対応に関する調査：幼稚園・保育所への機関支援で踏まえるべき視点の提言」『国立特別支援教育総合研究所研

究紀要』36.
16) 平野華織・水野友有・別府悦子・西垣吉之(2012)「幼稚園・保育所における『気になる』子どもとその保護者への対応の実態:クラス担任を対象とした調査をもとに(第2報)」『中部学院大学・中部学院短期大学部研究紀要』13.
17) 辻井正次・井上雅彦・永田雅子・野邑健二・宮地泰士(2010)「ペアレントトレーニングプログラムの開発と効果の検討」『厚生労働省科学研究費補助金　障害保健福祉総合研究事業　発達障害児に対する有効な家族サービスの開発と普及の研究　平成19〜21年度　総合研究報告』
18) 渡辺顕一郎・田中尚樹(2013)『「気になる子ども」と「気にする先生」への支援—発達障害児のためにコミュニティ・福祉・教育ができること—』, 金子書房.

第4章　児童虐待の予防と家庭支援

　児童福祉法における要保護児童とは,「保護者のない児童,または保護者に監護させることが不適当であると認められる児童」を指します。また,要保護児童を公的責任で社会的に養育し,保護するとともに,養育に困難を抱える家庭への支援を行うことを社会的養護といいます。

　近年,社会的養護においては,児童虐待への対応の強化が課題となっています。伝統的な施設養護だけでなく,施設の小規模化や里親の活用,さらには虐待の発生予防として子育て支援の充実も図られています。本章では,児童虐待の予防的側面を中心に,子育て家庭に対する包括的な支援のあり方を検討します。

第1節　家庭支援における予防的視点

1．児童虐待防止対策における予防的支援

　これまで児童虐待の対応については,児童福祉司や児童心理司などの専門職を配置する児童相談所が中心的な役割を担ってきました。児童相談所は都道府県や政令指定都市に必置とされており,2011年には全国で206か所に達しています。ただし近年では,児童相談所だけでなく,住民にとって身近な市町村の果たす役割が重視されるようになっています。

　2007年には,市町村ごとに虐待等の対応に関する情報交換と協議を行うため,「要保護児童対策地域協議会」を設置することが義務づけられました。このような児童虐待防止ネットワークによって,「発生予防」から「早期発見・早期

対応」「保護・自立支援」に至るまでの，市町村の総合的な支援体制の整備が図られています。

　第2章でも述べてきたように，地域の子育て支援には予防的な効果が期待できます。子育て家庭の孤立化を防ぎ，子育ての悩みや不安が蓄積されないように支援することは，児童虐待などの問題の発生やその重症化を予防することにもつながります。そのためには，子育て支援と要保護児童対策とを体系的にとらえ，家庭支援ネットワークの構築によって，地域全体で予防的支援に取り組むことが大事です。

　図表29に示したように，児童虐待への対応を段階的に捉えるならば，発生予防→早期発見・防止→再発防止といった支援のプロセスが確立され，それぞれの段階において支援を担う機関・施設の役割と連携体制を明確にすることが必要です。とりわけ発生予防に関しては，市町村が実施主体となる子育て支援事業の役割が重視されるようになっています[1]。

　保育所，児童館，地域子育て支援拠点，認定こども園など，身近な地域の中で親子が利用する施設・事業は，少子化対策に位置づけられるだけでなく，児童福祉における予防的支援を担うことが期待されています。また制度面では，2008年に可決された児童福祉法改正によって，乳児家庭全戸訪問事業や養育支援訪問事業が新たに市町村の子育て支援事業として位置づけられました（詳しくは第2章を参照）。これらによって，市町村では乳児を養育するすべての家庭への訪問を行い，要支援家庭に対しては継続的な訪問の実施が求められてい

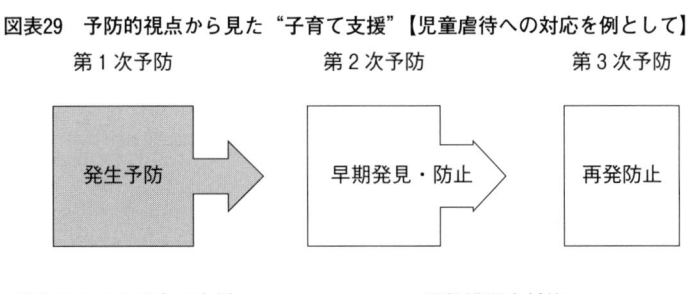

図表29　予防的視点から見た"子育て支援"【児童虐待への対応を例として】

第1次予防	第2次予防	第3次予防
発生予防	早期発見・防止	再発防止
地域における子育て支援	要保護児童対策	

ます。

2．身近な支援者の存在

　児童虐待は，親自身の生育歴や夫婦・親子関係の状態，家庭の経済状況など，様々な要因が複雑に関係しあって起こってきます。虐待をする本人ですら，なぜ自分が子どもに対してそのような行為をしてしまうのかがわからなくなっている場合もあります。

　岩藤裕美は児童虐待の発生要因を，環境的要因，親の要因，子どもの要因に分類し，これらが複合されることによって虐待が生じやすくなることを示しています（図表30参照）。また，これらの要因が見られるとしても，そばにいて心配してくれる人や，困ったときに助けを求められる人が存在していれば，リスクを克服できる可能性が高くなると示唆しています[2]。

　児童虐待の発生を防ぐためには，支援者が個々の家庭における上記の要因を

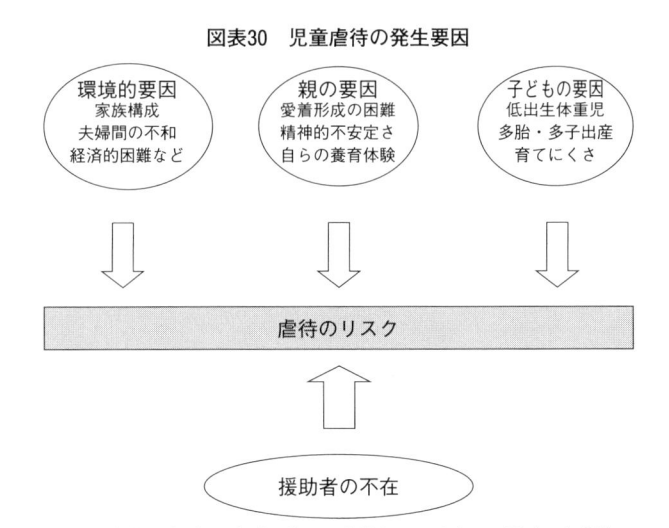

図表30　児童虐待の発生要因

```
┌──────────┐    ┌──────────┐    ┌──────────┐
│ 環境的要因 │    │  親の要因  │    │子どもの要因│
│  家族構成  │    │愛着形成の困難│   │低出生体重児│
│ 夫婦間の不和│    │精神的不安定さ│   │多胎・多子出産│
│経済的困難など│   │自らの養育体験│   │  育てにくさ │
└─────┬────┘    └─────┬────┘    └─────┬────┘
      ↓                ↓                ↓
┌─────────────────────────────────────┐
│            虐待のリスク               │
└──────────────────┬──────────────────┘
                   ↑
            ┌──────────┐
            │ 援助者の不在 │
            └──────────┘
```

（出典：岩藤裕美（2008）「虐待の可能性とその防止への援助」無藤隆・安藤智子編『子育て支援の心理学――家族・園・地域で育てる――』，有斐閣，p.61.）

把握し，まずは親子に寄り添い，助けを求められたときにはいつでも応じられる存在になるよう努めなくてはなりません。とりわけ家庭の孤立傾向が高い場合には，今かかわりのある支援者がしっかりと信頼関係を形成し，利用者にとって身近な相談相手となることで，他の社会資源に結びつく可能性も高くなります。

また，児童相談所による虐待対応というと一般的には家庭からの分離（施設入所）をイメージしがちですが，児童虐待の相談のうち約8割は在宅での支援であり，定期的に面接指導を受けるなどの対応となっています[3]。したがって，虐待の発生・通告後も，児童相談所だけでなく，身近な地域において継続的な見守りが必要な事例は少なくないのです。

第2節　児童虐待の現状と背景要因

1．児童虐待は増加しているのか

児童虐待の現状を示す根拠として広く用いられているのは，全国の児童相談所における児童虐待相談対応件数に関する統計資料です。厚生労働省は1990年から統計を取り始め，年度ごとの件数が発表されていますが，図表31のとおり相談対応件数は増加の一途をたどっています。また，ネグレクトや暴行による死亡事件など重篤な虐待事例が頻繁に報道され，児童虐待は増加しているように感じられます。

ただし上記の資料だけでは，児童虐待に関する社会の意識が高まったから通告者が増えたのか，それとも虐待そのものが増えているのか，正確に把握することはできません。児童相談所における相談対応件数の増加を，そのまま虐待の増加と結論づけることには慎重にならざるを得ないのです。たとえば山野則子は，2000年に「児童虐待の防止等に関する法律」が制定される以前は，統一した基準によって件数を挙げていたわけではなかったとし，近年の相談対応件数の増加には，カウントがしっかりしてきたことや，発見が行き届いてきたこ

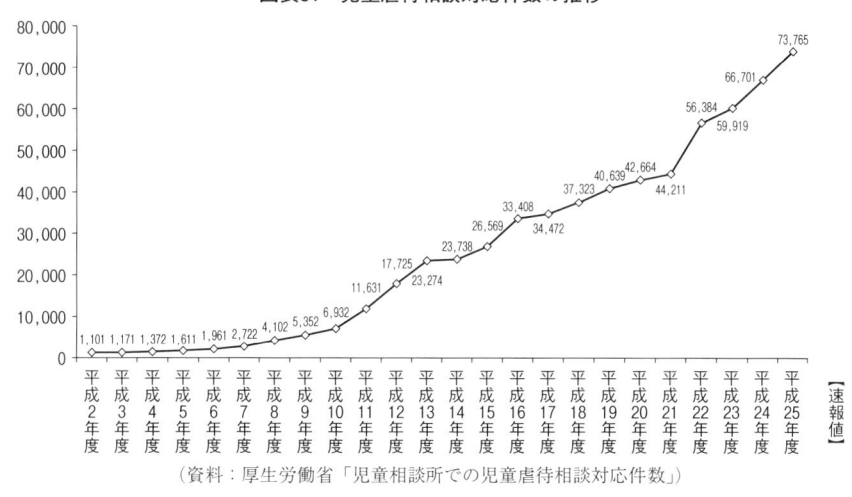

図表31　児童虐待相談対応件数の推移

平成2年度	1,101
平成3年度	1,171
平成4年度	1,372
平成5年度	1,611
平成6年度	1,961
平成7年度	2,722
平成8年度	4,102
平成9年度	5,352
平成10年度	6,932
平成11年度	11,631
平成12年度	17,725
平成13年度	23,274
平成14年度	23,738
平成15年度	26,569
平成16年度	33,408
平成17年度	34,472
平成18年度	37,323
平成19年度	40,639
平成20年度	42,664
平成21年度	44,211
平成22年度	56,384
平成23年度	59,919
平成24年度	66,701
平成25年度【速報値】	73,765

（資料：厚生労働省「児童相談所での児童虐待相談対応件数」）

となどの取り組みの成果が影響を与えている可能性を示唆しています[4]。

　今もなお開発途上国においては，疾病や栄養不足などによる乳幼児の死亡率が高く，児童労働やストリートチルドレンなどが国際的な問題として取り上げられますが，少なくとも先進諸国では，子どもに対する不適切な扱いに対する認識が広まり，児童虐待防止への意識が高まっています。虐待に関する相談対応件数が増加しているのは，このような社会の変化も大きな影響を与えていると考えられます。

　社会全体が児童虐待に対して注意を払うことは好ましいことですが，子育て家庭に対する監視や非難のまなざしが一方的に強まることは避けなければなりません。たとえば子育て中の親から，「子どもが一度泣き出すとなかなか泣き止まず困っているのに，毎日のように子どもを泣かせていると近所の人から通報された」といった相談が寄せられることもあります。また，児童虐待に関する報道などにおいても，その論調は家庭の養育能力を疑問視したり非難したりするような一辺倒なものが多いようにも感じられます。

　懸命に子育てしている家庭はたくさんあるのに，社会の目がますます厳しくなり，かえって子育ての閉塞感を高めるような結果を招かないようにも注意を

払うべきだと考えます。児童虐待を防止するためには，その背景にある要因を分析・検証し，科学的な見地から対策を検討することが大切です。子育て家庭の孤立化が進む現代社会においては，家庭の養育責任だけを問うのではなく，子育てを社会的に支えていくことが虐待防止の基本であると考えます。

2．児童虐待の現状

　保護者本人による相談や周囲からの通告により早期発見・早期対応につながることもあれば，家庭が地域から孤立したまま虐待が見過ごされ，事件となって表面化する場合もあります。ここでは，児童相談所における対応の状況だけでなく，警察による児童虐待事件の検挙数などの実態も踏まえつつ，虐待の現状を捉えてみます。

　図表32のとおり，児童相談所の虐待相談の種類別対応件数を見ると，平成24（2012）年度は身体的虐待が23,579件と最も多く，次いで心理的虐待が22,423件となっています。年次推移を見ると，平成20（2008）年度から平成24（2012）年度の5年間で，身体的虐待や保護の怠慢・拒否（ネグレクト）に比べ，心理的虐待の件数の増加が目立ちます。

　図表中では性的虐待に関して，いずれの年度も最も割合が低く，平成24（2012）年度で1,449件（2.2％）にとどまっていますが，2013年1月～12月に警察が検挙した児童虐待事件の態様別検挙状況では，性的虐待が全体の22.1％を占めています[5]。この理由としては，児童本人からの相談がない限り性的虐待が発見しにくく，事件性の高い事例となって表面化する場合が多いため，相談レベルでの対応が難しいといった背景が推測されます。児童相談所による相談対応の状況だけでは，性的虐待の割合が相対的に低いように見えますが，むしろ表面化しにくい虐待事例の早期発見・早期対応の方法を確立することが急務であるともいえます。

　図表33は，児童相談所における児童虐待の相談対応件数について，被虐待児の年齢別の割合を示しています。平成20（2008）年度から5年間の年次推移に

第4章　児童虐待の予防と家庭支援　95

図表32　児童虐待相談の種類別対応件数の年次推移

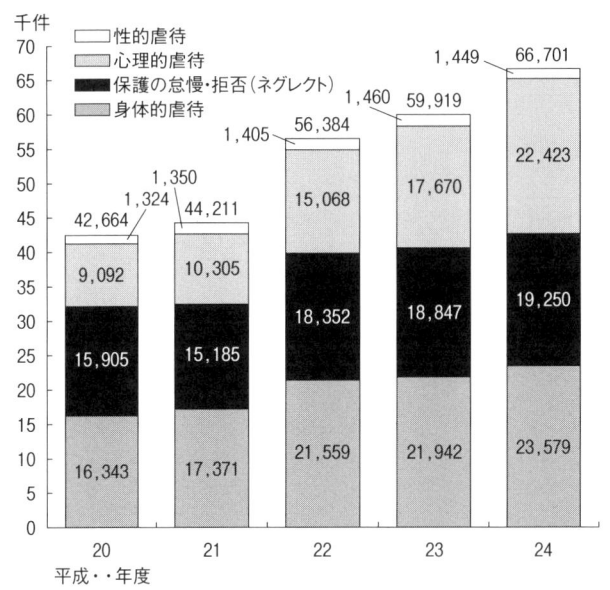

凡例：
- 性的虐待
- 心理的虐待
- 保護の怠慢・拒否（ネグレクト）
- 身体的虐待

平成年度	身体的虐待	ネグレクト	心理的虐待	性的虐待	合計
20	16,343	15,905	9,092	1,324	42,664
21	17,371	15,185	10,305	1,350	44,211
22	21,559	18,352	15,068	1,405	56,384
23	21,942	18,847	17,670	1,460	59,919
24	23,579	19,250	22,423	1,449	66,701

注：平成22年度は、東日本大震災の影響により、福島県を除いて集計した数値である。
（資料：厚生労働省「平成24年度福祉行政報告例の概況」）

図表33　被虐待児の年齢別対応件数の割合（％）

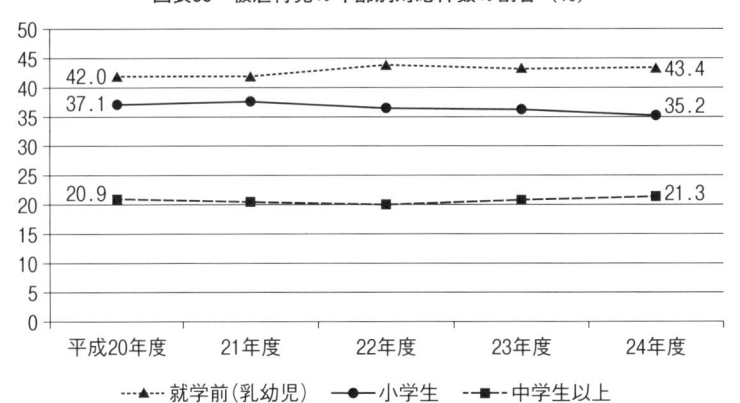

	平成20年度	21年度	22年度	23年度	24年度
就学前（乳幼児）	42.0				43.4
小学生	37.1				35.2
中学生以上	20.9				21.3

（資料：厚生労働省「平成24年度福祉行政報告例の概況」に基づき筆者が作図）

関しては,いずれの年度も乳幼児への対応が最も高い割合を示しており,次いで小学生,中学生以上の順となっています。

他方,警察が検挙した児童虐待事件の被害児童数を年齢別に見ると,平成25(2013)年の検挙事件全体では10歳以上が59.2%,5〜9歳が20.2%,1〜4歳が12.0%,1歳未満が8.6%でした[6]。つまり,事件として表面化しやすいのは学童期以降の児童虐待であるといえます。ただし同調査では,死亡児童の割合が1〜4歳が32.0%,1歳未満が44.0%と合計で76%に達しており[7],重篤な事例は低年齢時期に起こりやすい傾向を示しています。

次に図表34は,児童虐待相談における虐待者別の構成割合とその推移を示しています。いずれの年度も実母が最も多く,次いで実父となっています。これに対して,2013年に警察が検挙した児童虐待事件における加害者としては,実父が37.3%,実母が21.0%となっており,死亡事件では実父が48.1%,実母が40.7%を占めています[8]。これらから,事件性の高い重篤な事例ほど,父親が加害者となる傾向が高いといえます。

以上より,児童虐待への対策としては,子どもが低年齢時期からの早期支援

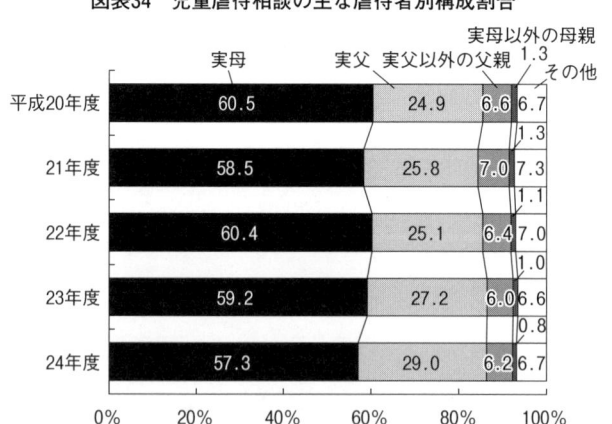

図表34 児童虐待相談の主な虐待者別構成割合

年度	実母	実父	実父以外の父親	実母以外の母親	その他
平成20年度	60.5	24.9	6.6	1.3	6.7
21年度	58.5	25.8	7.0	1.3	7.3
22年度	60.4	25.1	6.4	1.1	7.0
23年度	59.2	27.2	6.0	1.0	6.6
24年度	57.3	29.0	6.2	0.8	6.7

注:平成22年度は,東日本大震災の影響により,福島県を除いて集計した数値である。

(資料:厚生労働省「平成24年度福祉行政報告例の概況」)

に加えて,母親だけでなく父親も視野に入れつつ,家庭全体に対する支援や防止策を検討する必要があるといえるでしょう。

3．児童虐待の背景要因

先述のように,児童虐待の発生要因としては,環境的要因,親の要因,子どもの要因などが挙げられます。とりわけ児童相談所が介入するような事例に関しては,単一の要因ではなく,問題の背景に複数の要因が見られ,しかもそれらが複雑に絡み合っている場合が少なくありません。

(1) 家庭の背景要因

市町村の子育て支援事業における対応が中心となる比較的軽微な事例とは異なり,児童相談所が介入するような虐待事例の背景には,いくつかの特徴が見られることが報告されています。たとえば,東京都の調査では,2003年度に都内児童相談所が対応した虐待事例の家庭の特徴として,図表35のような結果が示されています。これを見ると,「ひとり親家庭」と「経済的困難」がほぼ拮抗しており,しかもどの要因についても併せて見られる状況として「経済的困

図表35　虐待事例の家庭の特徴

	家庭の状況		あわせて見られる他の状況上位3つ		
1	ひとり親家庭	460件 (31.8%)	①経済的困難	②孤立	③就労の不安定
2	経済的困難	446件 (30.8%)	①ひとり親家庭	②孤立	③就労の不安定
3	孤立	341件 (23.6%)	①経済的困難	②ひとり親家庭	③就労の不安定
4	夫婦間不和	295件 (20.4%)	①経済的困難	②孤立	③育児疲れ
5	育児疲れ	261件 (18.0%)	①経済的困難	②ひとり親家庭	③孤立

(出典:東京都福祉保健局(2005)『児童虐待の実態Ⅱ―輝かせよう子どもの未来,育てよう地域のネットワーク―』,p.44.)

難」が挙げられています。

　また，厚生労働省が2014年に発表した調査では，平成24（2012）年度に起こった虐待による死亡事例について検証がなされています。これによると，児童虐待による死亡事例として把握した事例は85例（90人），そのうち心中以外の虐待死事例は49例（51人）でした。この49例の家族形態として，実父母がいる事例が40.8％でした。また，生活保護世帯，市町村民税非課税世帯が合わせて34.6％となっており，家庭の地域社会との接触は，「ほとんど無い」「乏しい」が合わせて71.4％を占めています[9]。

　これらの調査からは，少なくとも"一線を超えた"虐待は，親の養育方法や育て方より，むしろ家庭の生活基盤の脆弱さに起因することが多いといえます。つまり，重篤な虐待の背景には「貧困」が密接にかかわっており，ひとり親あるいは継母・継父といった複雑な家族関係が絡む場合が少なくないのです。虐待の世代間連鎖が問題になっていますが，本当に断ち切らなくてはならないのは「貧困の再生産」だともいえるでしょう。

　もちろん，ひとり親家庭で，かつ経済的困難を抱えていても，しっかりと子育てをしている親もいます。ただし，複合的な要因が絡みあう場合には，虐待のリスクが高まる傾向は否めません。児童虐待の予防に努めるなら，低所得世帯への経済的支援，ひとり親家庭への支援策の充実こそ検討されるべきだと考えます。

　地域社会からの孤立は，一般的な子育て家庭においても容易に起こりうることです。転勤や結婚により自身の生まれ育った場所ではない，地縁血縁の無いところで子育てが始まることは，現代社会においては珍しくありません。子育てを共有すべきパートナーが心理的または物理的に不在である場合は，家庭内でも孤立することになります。玉井邦夫は，多くの虐待事例では，虐待をする親が家族システムの中で孤立し，その家族システム自体が地域や親族というより広い社会システムから孤立しているという「二重の孤立」の構造が見られると指摘しています[10]。

(2) 親と子の背景要因

　近年，社会的養護の一翼を担う児童養護施設等において障害児の入所比率が高まっていることもあり，児童虐待と子どもの障害との関連性に着目する研究が報告されるようになっています。障害児を養育する家庭では，子育ての難しさや介護など，親（とくに母親）が過剰に負担を抱え込む場合に，虐待が発生するリスクが高くなると考えられます。

　杉山登志郎の研究によれば，子ども虐待外来をもつ『あいち小児保健医療総合センター』における虐待の症例1,110件において被虐待児の3割が自閉症スペクトラムを基盤にしており，これらの子どものうち9割までが知的な障害を伴わない高機能群でした[11]。知的障害を伴わない自閉症スペクトラムの子どもたちは，その障害が親や保育者にもわかりにくく「わがままな子」「いうことをきかない子」として叱責や体罰を受けやすく，虐待の被害者になってしまう場合があるのです。

　このように，虐待の背景にある子どもの側の要因として挙げられるのは，親にとっての「育てにくさ」です。ただし，これは障害児の養育に限ったことではありません。多子出産や低体重児の出産・子育ては，普通分娩での出産・子育てに比べ親が体験する負担感が大きいことは容易に推測されます。ささいなことをきっかけによく泣く，泣き止まない，手がかかるなどの要因は，自身の子育て経験も見通しも少ないままわが子を育てる親に，さらに大きな負荷を与えることになるのです。

　また玉井邦夫は，虐待をしてしまう親は，子どもへの過大な要求や過小な要求など子どもの能力や発達水準について正確な評価ができないという特徴，子どもへの過剰な依存が見られることが多いと指摘しています[12]。このように，親の側の要因も，虐待のリスクを高める一因となることが示唆されています。

　これまで述べてきた家庭の経済状況や家族関係上の問題などに加え，親子関係や個人のパーソナリティーなど，虐待の背景にある多様な要因を考慮せず，支援者が理想とする子育てを一方的に求めたり，それに応えられない親を批判したりすることは，家庭をかえって孤立させる結果を招きます。家庭支援にお

いては，一見しただけではわからない，家庭や親子が抱える困難を推察し，支援の手立てを考えることが大切です。

第3節　社会的養護と家庭支援

1．社会的養護をめぐる動向

　家庭で子どもを養育できない場合（または児童虐待などによって適さない場合），公的責任で社会的に養育し，保護するとともに，養育に困難を抱える家庭への支援を行うことを社会的養護といいます。子どもを社会的に養育・保護する方法としては，児童養護施設に代表される「施設養護」が中心でしたが，近年，より家庭に近い環境の中で養育する「家庭的養護」や「家庭養護」が注目されています。

　児童養護施設は，保護者のいない児童，虐待されている児童，その他環境上養護を要する児童を入所させて養護し，児童の自立を支援することを目的としています。施設の機能としては，子どもの生活（衣食住）を保障するだけでなく，個々の年齢・個性・家庭背景等に即した発達を保障することや，社会的な自立を支援する働きがあります。

　児童養護施設の他にも，おもに乳児を対象として社会的養護を行う乳児院，非行少年の保護と自立を支援する児童自立支援施設，情緒障害児の治療や育成を図る情緒障害児短期治療施設があります。それぞれに施設の働きは異なりますが，近年，虐待を受けた子どもの入所が増えているのが特徴です。

　このように社会的養護を担う施設は全国に800か所以上ありますが，近年では施設の小規模化が課題となっています。その背景には，「子どもにとって安定した養育者との長期的な関係を，具体的に保障できるように計画しなければならない」というパーマネンシー・プランニング（permanency planning）の考え方があります。

　たとえば児童養護施設の場合，職員がひとときにかかわる児童数が20人以上

になる大舎施設が少なくありません。そのため，子ども一人ひとりへの個別ケアや愛着形成が困難にもなります。そのような状況を改善するため，より少人数で生活集団を構成する中舎（13〜19人）へ，さらに少人数の小舎（12人以下）へという動きが起こっています。

このような動きの中で注目されてきたのが，家庭に近い環境の中で養育する「家庭的養護」（family-like care）です。入所施設の小規模化を具体的に進め，少人数の生活単位でケアを実践するために，以下の2つの施設形態があります。

■地域小規模児童養護施設（グループホーム）
　本体施設の支援のもと地域の民間住宅などを活用して家庭的養護を行う。
　定員は6人。

■小規模グループケア（ユニットケア）
　本体施設において，子どもの生活単位（ユニット）を小規模なグループに分けてケアを行う。1グループ6人まで。

さらに，近年では里親制度の積極的な活用が進められています。施設の小規模化を図る「家庭的養護」と異なり，実際の家庭で子どもを養育・保護するため，里親制度などを活用した社会的養護の形態を「家庭養護」（family-based care）と呼んでいます。

里親とは，ボランティア家庭に子どもの養育を委託する制度です。児童相談所の措置決定に基づいて，子どもに適した里親が選ばれます。一般的な「養育里親」のほかに，三親等内の親族が里親になる「親族里親」，1年以内の養育期間の制限がある「短期里親」，児童虐待などの心身に有害な影響を受けた児童を専門に養育する「専門里親」（養育期間2年以内）があります。

また，いわゆる里親制度の拡充型モデルとして，小規模住居型児童養育事業（ファミリーホーム）も創設されました。これは，定員5〜6名の子どもを，養育者の住居で引き受けて家庭的養護を行う方法です。従来の里親制度よりも多い人数ですが，一方で小舎施設よりも少人数で子どもを養育します。養育者以外に，職員を配置できるのが特徴です。

2．家庭的養護の推進

　上記の「家庭的養護」及び「家庭養護」については，平成23（2011）年に厚生労働省において『社会的養護の課題と将来像』がとりまとめられ，「家庭的養護の推進」として施策の強化が図られています[13]。また，『社会的養護の課題と将来像』では，要保護児童の措置・委託先として，従来は"施設が9割，里親が1割"だった状況を改め，今後10数年の間に，施設の本体施設・グループホーム・里親の割合を3分の1ずつにしていく目標も掲げられました。

　併せて厚生労働省は，家庭的養護を計画的に推進するため，2012年には全国の児童養護施設や乳児院に「家庭的養護推進計画」の策定を要請し，都道府県に対しては「都道府県推進計画」の策定を義務づけました。このような政策動向もあって，近年，児童養護施設の入所児童数は減少傾向を示しており，代わりに里親・ファミリーホームの委託児童数が増加しています（図表36を参照）。

　ただし，里親制度に関しては，里親自身の責任感などから養育上の問題を抱え込む傾向があり，これまでにも里親に対する支援の必要性が指摘されてきました。そこで，2012年には里親支援専門相談員（里親支援ソーシャルワーカー）が創設され，児童養護施設や乳児院を拠点とし，里親やファミリーホームを支援する機能が新たに付加されました。

　第1章で述べてきたように，日本の社会においては，血縁関係を重視する伝統的な家族観が根強く残っています。そのような文化的背景の下では，里親家庭は一般家庭と異なる存在として特別視されることが少なくありませんでした。結果的に，里親家庭は家庭支援の対象として明確に捉えられてこなかったともいえるでしょう。

　しかしながら，今後，家庭的養護の推進によって里親やファミリーホームの委託児童数が増えるほど，子育て支援などの一般施策における対応が課題になると考えられます。むしろ，社会的養護の枠組みだけでなく，里親による子育てを地域で支える観点から，保育や子育て支援などの専門職も連携して一体的な支援を行うことが大切です。

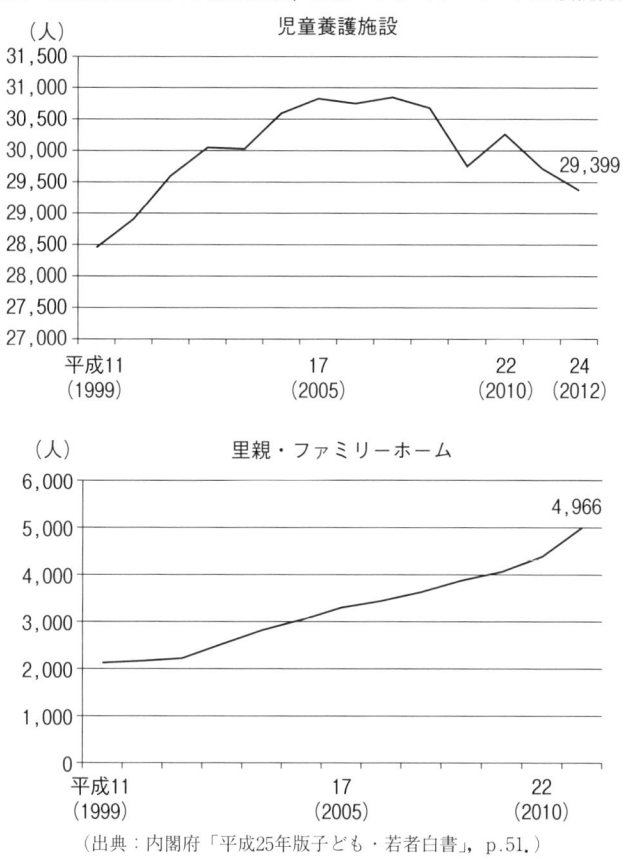

図表36 児童養護施設の入所児童数，里親・ファミリーホームの委託児童数

児童養護施設のグラフ：平成11年(1999)約28,500人から増加し，平成17年(2005)頃約30,800人でピーク，平成24年(2012)には29,399人。

里親・ファミリーホームのグラフ：平成11年(1999)約2,100人から増加し続け，平成22年(2010)以降4,966人。

(出典：内閣府「平成25年版子ども・若者白書」，p.51.)

　また第2章で述べた「養育支援訪問事業」では，「児童養護施設等の退所又は里親委託の終了により，児童が復帰した後の家庭」も，保健師等による訪問支援の対象として位置づけられています。施設養護や里親委託が終了し，家族再統合が図られた後の支援についても同様に，社会的養護と子育て支援との連携が求められているといえます。

第4節　社会的養護における子育て支援の役割

社会的養護に関しては，周囲から見えにくい困難を抱える家庭を妊娠・出産から包括的に支援するために，子育て支援の役割が重視されるようになっています。本節では，虐待の発生予防の観点から，危機的な状況に陥るリスクの高い家庭への支援について事例を通し，検討を加えます。なお，以下の事例はプライバシー保護のため，複数の事例に基づき加工したものです。

1．地域子育て支援拠点を中心に対応した事例

■家族の状況

母　　　35歳（1年半前に離婚してすぐに第1子を実母に預け遠方に働きに出る。実家には帰らず連絡も途絶えがちである）
第1子　2歳6か月（動きが激しく，目線が合いにくい）
第2子　3か月
祖母　　65歳（孫の世話をしているが，自身も持病を持っている）

■支援のきっかけ

祖母が2歳6か月の第1子と3か月の第2子を連れて地域子育て支援拠点を利用し始めたのは1か月ほど前からでした。祖母は膝が悪く歩くのも大変な様子でした。第1子は動きが素早く，また広い範囲を移動するので，祖母が大きな声で第1子を叱ったり叩いたりすることも多々あり，地域子育て支援拠点のスタッフも危険を回避するように見守ったり，時には子どもを静止したりしていました。

ある日，スタッフが祖母にねぎらいの言葉をかけると，祖母は1年半前から孫を預かっていることや，第1子は落ち着きがない上に言うことをきかないので困っていること，自分自身も糖尿病を患っていることなどを話し始めました。スタッフは祖母が独りでがんばっていることに敬意を表し，保育所の入所や一

時保育を検討してはどうかと提案しました。

■家庭の様子と支援の経緯
　地域子育て支援拠点の相談室で，スタッフと発達相談員が祖母と面談し，詳しい話を聞くことができました。子どもたちの母親は1年半前に離婚し，1歳だった第1子を祖母に預け働きに行くと言って家を出たまま帰って来なかったそうです。しかし1か月ほど前に突然，母親が2か月になる第2子を預けに来たといいます。
　祖母は，離婚後に第2子が生まれたことや第1子を預けたままにしておく母親の行動に腹を立てたり，娘の育て方が悪かったと自分を責めたりして落ち込んでいる様子でした。そして，持病を持っていて働くことができないのに，体力的にも経済的にも孫2人の面倒をみることなどできないと心配していました。
　その後，第1子には発達に気がかりな点があることや，世話の大変さから祖母が不適切な養育をしている姿が見られることも踏まえ，関係機関によるケース検討会議が重ねられました。その結果，第1子を保育所に入所させて，保育所と児童発達支援センターの連携により家庭を支援することになり，3か月になる第2子は乳児院に入所することになりました。

■地域子育て支援拠点における支援者の気づき
　祖母が地域子育て支援拠点を利用し始めた当初，スタッフは祖母のことを「親が働いている昼間だけ孫の世話をしている」と思い，発達に心配がある第1子のことが気になっていました。動きの激しい子どもについては，他の利用者親子とのトラブルにもなりやすいため，支援者は注意深く見守っていました。しかし祖母が日を追うごとに疲れ，第1子に対する接し方が乱暴になるのを見て，家庭支援の必要性を感じるようになりました。

■事例のまとめ
　もともと一人暮らしだった祖母は，第1子を預かった頃から世話に追われ友

人との交流も少なくなり，家に居ても孫をもてあますので，友人からの紹介で地域子育て支援拠点を利用するようになったそうです。そして拠点施設の利用がきっかけとなり，社会的養護を含む地域の専門機関の連携による支援が開始されることになりました。

　祖父母世代は親世代に比べ子育て支援情報が届きにくく，また，困難を抱えていても相談先がわからなかったり，家の恥を晒したくないと躊躇したりする場合も多いと考えられます。地域子育て支援拠点のスタッフが支援の必要性に気づかなければ，より重篤な問題が発生していたかもしれません。身近な地域に存在する子育て支援事業が他の支援の入り口となり，家庭に対する支援ネットワークの形成へと結びついた事例であるといえます。

2．児童館を中心に対応した事例

■家族の状況

母　　　23歳（パート就労であったが出産を機に退職）
第1子　4歳（幼稚園・保育所等には就園せず）
第2子　1か月

■支援のきっかけ

　平日の午前中，児童館に保護者の同伴なしの幼児が現れました。その2日後，同じ子どもが，雨降りの日であるにもかかわらず雨具の用意もなく，また季節に合わない身なりでやってきました。児童厚生員は子どものことが気になり，しばらく一緒に遊んで過ごしました。子どもの話から，近くのアパートに住んでおり，年齢は4歳であるが幼稚園・保育所には通っていないことがわかったため，市役所の担当課に連絡し，地区担当の保健師に状況を伝えました。その後，保健師，家庭相談員，担当課が情報収集にあたり，児童厚生員も交えて支援の方策を検討することになりました。

■家庭の様子と支援の経緯

　母親は第2子を出産したばかりのシングルマザーで，上の子には手をかけられない状況でした。そこでまずは，第2子への保健師による新生児訪問を行うことにしました。

　母親との面談から，第2子出産前までは第1子を夜間の保育ルームに預け飲食店で働き，出産を機に仕事を辞めたことがわかってきました。また，出産時には第1子を職場の友人宅に預かってもらっていましたが，その後引っ越してしまい身近に頼れる人がいなくなった上に，産後の体調も悪く，子育てに困難を感じていたことも話してくれました。生活への困難は感じていても，具体的にどうしたらよいのか，誰に相談したらよいのかを考える余裕もない様子でした。

　また，母親自身が幼い頃に実母と死別し，実父は再婚して新たな家族を扶養しているため頼れる身内はいないと思っていること，4歳の第1子と生まれたばかりの第2子は異父きょうだいでどちらの父親も不明であり連絡が取れないこともわかってきました。

　その後，関係機関によるケース検討会議が開かれ，母親の同意を得た上で，親子は母子生活支援施設へ入所することになりました。当初，第1子は表情が乏しく発達の遅れが心配されましたが，施設入所後には幼稚園に通い，施設内の他児や保育士とかかわる中で笑顔も見られるようになってきました。また母親は，第2子の世話をしながら昼間の就労を目指し求職活動を始めました。

■児童館における継続的な支援

　児童館，母子生活支援施設，家庭相談員によって親子への支援策を検討した結果，施設入所後も児童館を親子で利用するように促すことにしました。母子生活支援施設の職員と母親との面談では，母親自身が子どもたちのために親として自立したいと考えていること，母子生活支援施設に入所し生活への支援を得てから，少しずつ子どもと一緒に過ごす時間が楽しいと思えるようになってきたことが話されました。

児童厚生員は，児童館において母子を温かく迎え入れ，ゆっくりと過ごせるように見守ることにしました。母親と何気ない日常会話を交わしたり，母親が子どもと一緒の時間を楽しいと実感できるように声をかけたりしました。また，臨床心理士による子育ての相談会や，ひとり親のピアサポートグループを紹介するなど，母親に無理強いしないように心がけながら他の支援も紹介するように努めました。児童館を継続的に利用するようになり，母親は児童厚生員と気軽に話をするだけでなく，次第に他の利用者親子との交流が見られるように変化してきました。

■事例のまとめ

　児童館は，児童福祉法において「児童に健全な遊びを与えて，その健康を増進し，又は情操をゆたかにすることを目的とする施設」と位置づけられています。また近年では，子育て家庭が抱える問題の発生予防・早期発見に努め，地域の子育て支援に取り組むことも児童館の機能として重視されるようになっています[14]。

　本事例では，平日の昼間，就園年齢の子どもが1人で児童館を来館したことが家庭支援への入り口となりました。また，母子生活支援施設に入所後も，児童館が地域において家庭を見守る役割を担い，他の地域資源に結びつける役割も担っています。いずれ母子が施設を退所した後には，自立した生活を営む必要があることからも，施設入所段階から地域とのつながりをつくっておくことは大切です。

　もし本事例がそのまま放置されていれば，ネグレクトや虐待につながるリスクがあったことは否めません。児童館，地域子育て支援拠点などの利用型施設が，社会的養護に至る前の早期支援だけでなく，入所施設等と連携して継続的な家庭支援を担う可能性を示す事例であるともいえるでしょう。

引用・参考文献

1) 厚生労働省（2014）「児童虐待防止対策について」（第40回社会保障審議会児童部会資料より引用）．
2) 岩藤裕美（2008）「虐待の可能性とその防止への援助」無藤隆・安藤智子編『子育て支援の心理学―家庭・園・地域で育てる―』，有斐閣．
3) 厚生労働省「平成18年度児童相談所における児童虐待相談対応件数等」に基づく割合．
4) 山野則子（2008）「第3章　虐待」山縣文治編『子育て支援シリーズ5 子どもと家族のヘルスケア　元気なこころとからだを育む』，ぎょうせい．
5) 警察庁生活安全局少年課「平成25年中における少年の補導及び保護の概況」
6) 同上
7) 同上
8) 同上
9) 厚生労働省（2014）『子ども虐待による死亡事例等の検証結果等について』（社会保障審議会児童部会児童虐待等要保護事例の検証に関する専門委員会第10次報告）．
10) 玉井邦夫（2001）『〈子どもの虐待〉を考える』，講談社現代新書．
11) 杉山登志郎（2013）『子ども虐待への新たなケア』，学習研究社．
12) 前掲書10)
13) 政策としての家庭的養護の推進は，「家庭的養護」と「家庭養護」の両方の推進を意味する．
14) 厚生労働省（2011）「児童館ガイドライン」（厚生労働省平成23年3月31日通知）に基づく．

第5章 家庭支援の方法

これまで，家庭支援の基本的視点を踏まえた上で，児童福祉の領域別にその支援のあり方を論じてきました。また，家庭に対するアプローチだけでなく，地域連携や予防的支援の重要性についても述べてきました。

家庭支援の方法は多様です。各章で述べてきたように，子どものケアや保育，利用者の交流促進，ピアサポート，グループワーク，家庭訪問やアウトリーチなど，家庭支援を担う機関・施設等の機能に沿って様々なプログラムが展開されています。

本章では，利用者理解や支援の方向性など，どのようなプログラムにおいても共通する視点について述べながら，とりわけ個別事例への相談対応を中心に，家庭支援の具体的な進め方や方法について考察します。

第1節　子育て家庭に対する相談支援

1．親子にとって身近な場所での相談支援

前章までに述べてきたように，都道府県や市町村には，児童福祉分野を中心に多様な相談機関が設置されています。児童相談所，福祉事務所，市町村の担当課や保健センターなどは，いずれも家庭生活にかかわる相談支援に対応する行政機関です。

他にも障害児支援の中核を担う児童発達支援センター，福祉事務所に設置された家庭児童相談室などもあります。また近年では，発達障害，保護者の精神疾患，配偶者暴力（DV）への対応が社会的課題となる中で，都道府県などに

設置される発達障害者支援センター，精神保健福祉センター，配偶者暴力相談支援センターも，児童福祉に関連する相談機関としての重要性が高まっています。

ただし，上記のような相談機関の窓口を，親が自発的に訪れるケースは決して多くはありません。行政機関の場合，子育て中の親にとっては敷居が高く感じられることに加えて，専門の相談機関であるほど「深刻な問題」を扱うというイメージもあるため，気軽に相談に訪れる場所としては認識されていないのです。実際，自治体の政策立案のために子育て家庭へのアンケート調査を行うと，各所に相談機関が設置されているにもかかわらず，「気軽に相談できる場所がほしい」との要望が寄せられることがあります。

予防を指向する家庭支援の観点に立てば，子育て家庭にとってより身近に感じられる地域の施設や子育て支援事業において，相談支援に取り組むことが重要です。重篤な問題を抱える事例であるほど，専門の相談機関との連携が必要になりますが，そのような専門的な支援への入り口・導入部分を子育て支援が担うことも大切です。

幼稚園・保育所・認定こども園などの就学前施設は，保護者にとっては子どもが日々通う場であり，施設の保育者とも日常的に顔を合わせるだけに，身近に感じられる施設です。また，家庭と同様に子どもの様子を見守る立場にあることから，保護者の子育てに寄り添うパートナーにもなり得る存在です。就学前施設の保育者は，長期的かつ継続的に家庭とかかわることができる特性を生かし，保護者が子育ての悩みや問題を抱える場合に，気兼ねなく相談できるような関係を形成することが求められます。

子育て相談に応じたり，園庭開放などの子育て支援に取り組む就学前施設は増えていますが，他方で保育・幼児教育などの本体事業があるため，家庭支援のために十分な人員を確保できなかったり，利用者側から見ても在園児の保護者以外にとっては敷居が高く感じられる場合があります。地域子育て支援拠点は，先述のように乳幼児とその保護者が相互に交流できる場所を開設し，子育てについての相談，情報提供などを行う事業です。幼稚園・保育所等の未就園

児を中心に，保護者にとって身近な相談の場としての働きを積極的に担うことが期待されています。

また，乳児家庭全戸訪問事業や養育支援訪問事業は，家庭訪問型のアウトリーチとして，子育て家庭の生活状況の把握とともに相談支援への入り口を担う大切な取り組みです。とりわけ養育支援訪問事業は，第2章で述べたように要支援家庭に対して保健師・助産師・保育士等が訪問し，相談支援を行うなど，予防的支援の一翼を担っています。

要支援家庭に対してはアウトリーチが重要ですが，家庭が抱える特定の問題ではなく，保育などの社会的サービスの利用に関する問い合わせから個別の相談支援が始まる場合もあります。そのような意味で，利用者支援事業の対象には，長期的・継続的な相談支援に発展させる事例が含まれることを想定しておく必要があるでしょう。

2．利用者理解とアセスメント

(1) 信頼関係の形成

子どもとその家庭を支えるとき，そこにかかわる専門職や地域の人たちのまなざしが問われるように思います。昔から「近頃の親は…（できない）」という批判をよく耳にしましたが，最近では「モンスターペアレント」「虐待をしている親」などが付け加わりました。専門職が集まる会合では，結局そのような家庭批判に終始することもあります。

しかし，子どもの問題の背景にある状況，当事者の心理，そして何よりも家庭にかかわる支援者自身のありように目を向けなければ本質は見えてきません。利用者理解に努めるならば，まずは他者にかかわる私たち自身の共感性が問われます。支援者が，個人的な感情のままで利用者に接していては，相手を受容することはできません。そのような意味で，支援者は自分自身の感情や行動について意識的であることが必要です。

家庭支援においては，支援者は家族にとって最大の理解者であることが求め

られます。たとえば、児童虐待という行為そのものは批判を受けても当然ですが、親を単に加害者として見なすだけでは支援を行うことは難しくなります。親も家庭生活の中で様々なストレスを抱え、不安や緊張感にさらされている被害者であるという見方もできます。

支援者として目を向けなくてはならないのは、問題の背景にある要因です。ただし、利用者が必ずしも自分が経験している心情や問題状況について、率直に話してくれるとは限りません。悩みや不安が深いほど、打ち明けたときに支援者が受け入れてくれないのではないか、あるいは批判を受けるのではないかという心配を抱く場合があります。したがって利用者理解のためには、相手を受容し、共感的理解を示しながら、まずはしっかりとした信頼関係を形成することが大切なのです。

(2) アセスメントの方法

家庭生活における問題は、子どもや家庭内の様々な要因、さらには家庭を取り巻く社会的要因も複雑に関係しあって起こってくるために、それらについて入念なアセスメント（事前評価）を行うことが必要になります。

図表37は、ソーシャルワーク（社会福祉実践）における一般的な援助プロセスを示しています。インテーク（相談受理）から終結にいたるまで計画的な支援が必要であり、事後に十分な効果が認められなければ、繰り返し継続的に支援が行われる場合もあります。このプロセスの中に見るように、アセスメントは場当たり的でない、見通しを持った計画的な援助において必須であることが理解できます。

アセスメントは、児童相談所、児童発達支援センター、利用者支援事業などの相談支援のみでなく、要支援家庭に対応する場合には、地域子育て支援拠点や保育所のような子育て支援の現場においても行うことが望ましいと考えます。また、子どもや親の表面的な行動に惑わされることなく、その背景をしっかりと理解し、批判的な見方ではなく、客観的かつ肯定的に見ることも大切です[1]。

通常、家庭生活に関するアセスメントの範囲は、以下のような多様な側面に

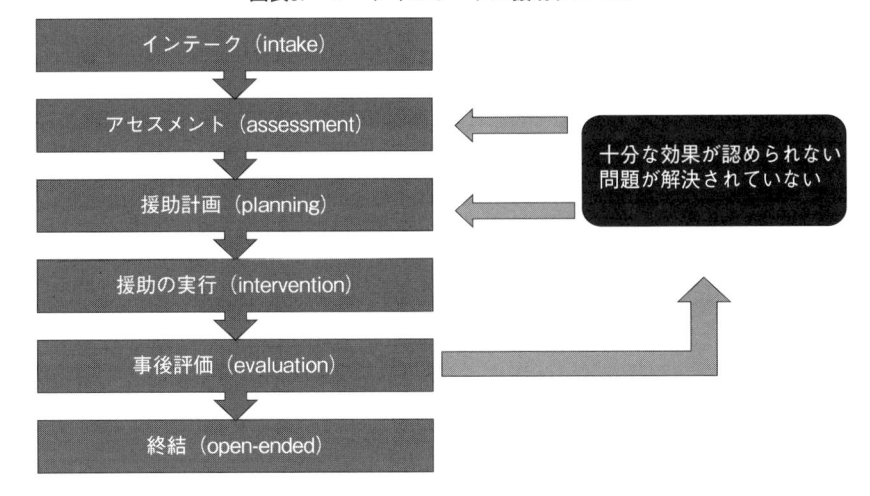

図表37　ソーシャルワークの援助プロセス

```
インテーク（intake）
    ↓
アセスメント（assessment）  ← ┐
    ↓                        │  十分な効果が認められない
援助計画（planning）        ← ┤  問題が解決されていない
    ↓                        │
援助の実行（intervention）    │
    ↓                        │
事後評価（evaluation）   ─────┘
    ↓
終結（open-ended）
```

及びます。

① 家庭が直面している問題（あるいはニーズ）
② 親や子どもの心理状態
③ 親や子どもの属性（能力，性格傾向，健康状態など）
④ 家族関係の評価
⑤ 家族の生活史（ライフヒストリー）の評価
⑥ 家族の社会関係に関する評価
⑦ 経済状況（収入，資産など）に関する評価

また，アセスメントに際しては，利用者との信頼関係を形成しつつ，受容的・共感的態度で接しながら，得られた情報については守秘義務を順守しなくてはなりません。具体的な情報収集の方法としては，以下の5点を挙げておきます。

① 利用者からの聞き取り
② 家庭訪問
③ 評価のための道具の活用
④ 家族面接等における観察

⑤ 関係者，関係機関からの情報提供

ただし，専門の相談機関でない場合には，情報収集の方法には工夫が必要です。たとえば地域子育て支援拠点や保育所などでは，利用者が初対面から悩みを打ち明けたり，相談を持ちかけてくるようなことは稀です。むしろ，日常的に支援者の人柄にふれ，信頼感を抱くようになるにつれて，利用者は心を開くようになります。支援者の対応としては，日頃から利用者との関係を深め，何気なく話される内容についても意識し，個別理解に努めることが大切です。

第2節　家庭支援の方向性

1．家庭支援の目標

これまで繰り返し述べてきたように，家庭支援においては予防が重視されます。ただし，虐待のリスクが高い家庭，家族が危機的状態に陥っているなど，社会的支援の必要度が高い「要支援家庭」に対しては，事後対応を含めた集中的な支援が求められます。以下，予防的支援における目標，要支援家庭に対する目標に分けて，家庭支援の方向性について考察します。

(1) 予防的支援における目標

予防的視点に立つならば，利用者の短所や病理的な側面に着目するよりも，むしろ健康的な側面や「成長する力」を信じることが重要です。家庭支援においては，親子の成長を阻む要因の解決に努め，活動を通して学びを得る機会をつくりだし，潜在的な力を引き出す働きが求められます。このような働きかけを，「エンパワメント」と呼んでいます。エンパワメントは，後述する要支援家庭への支援を含め，ソーシャルワーク（社会福祉実践）の原理・原則としても重視されるようになっています。

支援者は，専門職であるがゆえに助言・指導に偏る傾向があります。しかしこのような場合，利用者が自ら考え行動することを避けて，支援者に過度に依

存してしまう場合も生じてきます。むしろ，利用者が自分の力で悩みを克服していく過程に寄り添い，見守る働きが重要です。保護や専門的な援助が必要となるハイリスクなケースを除いて，親子の成長のために必要な葛藤まで肩代わりせず，"ともに考える"視点を大切にしてほしいと思います。

　子育て中の親にとっては，水平・対等な関係の中で，弱音を吐き出せたり，助けてほしいと言える他者の存在が大きな安心感をもたらします。自分でも認めたくない短所をさらけ出した時に，諭されたり指導されるのではなく，ありのままに受容される経験こそが人格的な成長をもたらすきっかけとなります。支援者が，子どもに対して受容的な親になってほしいと思うのなら，まずは親自身が他者に受容される経験を必要とするのです。

　親が抱える悩みの背景には，子どもとの関係だけでなく，父親不在の育児や家庭の孤立があったり，夫婦間の不和や，親の生育歴が複雑に絡んでいる場合もあります。まずは普段からのかかわりを大事にし，徐々に信頼関係を深めていく中で，個々の利用者理解を進めることが肝要です。

　このような支援者の態度・かかわりを通して，親としての成長を促し，子育てに取り組む自信や余裕の回復に努めることが，予防的支援における目標であるといえます。そのためには，特定の支援者との関係だけでなく，必要に応じて他の社会資源の活用を促すことも大事です。親が子どもの個性を肯定的に評価し，子どもに受容的にかかわっていけることが，子どもの成長・発達を促す要因にもなるのです。

(2)　要支援家庭に対する目標

　危機的な状況下にある家族に対する代表的な研究としては，家族社会学の始祖とも呼ばれる研究者ヒル（Hill, R.）が60年以上前に構築した理論があります[2]。図表38は，ヒルが提唱した「ローラーコースター・モデル」と呼ばれる危機のプロセスを示す理論モデルに基づき，筆者による考察を加えたものです。ここでは，家庭生活のバランスが崩れ，危機状況に陥っている家族を例に，要支援家庭に対する支援目標を考えてみます。

図表38　危機のプロセスと支援の目標（Hill（1949）より）

```
                          ／ 危機を克服・成長を遂げる場合
                         ／
       ↑ ↑             ／ ──→ 以前と同じ適応のレベル
   ストレッサー         ／
                        ／   ──→ 低い適応のレベルにとどまる場合
                       ／
                  危機（crisis）
```

> ①危機を回避する 〉 ②衝撃を最低限に食い止める 〉 ③発達の可能性を高める 〉

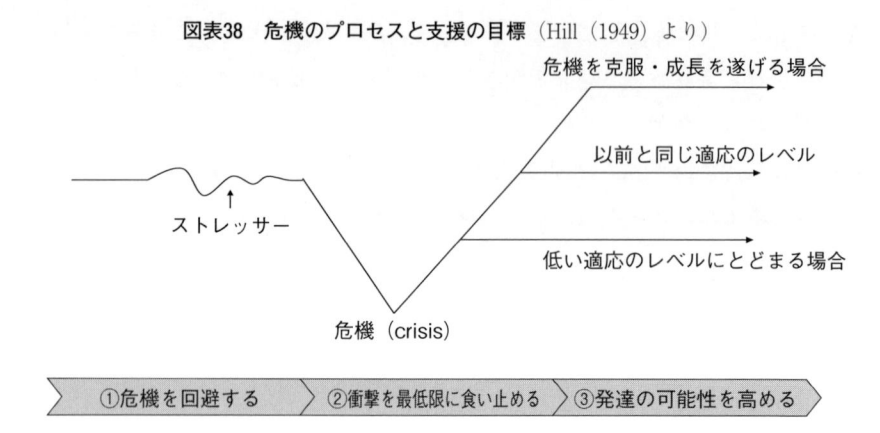

　図表中には，筆者がこのモデルに基づいて，危機後の3段階の適応レベルを書き加えています。危機とは，一定の適応レベルを保っていた家族が，何らかのストレッサー（生活上の変化・出来事）によってそのバランスを大きく崩した状態を指します。ただし，危機は永続的なものではなく，通常，家族は何らかの対処を図って適応のバランスを回復しようとします。

　危機後の適応が低いレベルでとどまる場合には，家族の状態は脆弱で，再び危機に陥るリスクが高くなります。したがって，家庭支援における目標は，最低限，以前と同じ適応のレベルにまで回復を促すことです。そして，できる限り，それ以上の適応レベルを達成し，家族が危機を克服して成長を遂げる可能性を高めることが，支援における望ましい目標であるといえます。

　また，危機のプロセスに沿って支援の目標を捉えるならば，危機には陥っていないがそのリスクが高い状態では，「①危機を回避する」ことが重要です。次に，危機状況の真っただ中にある段階では，家族員が著しいダメージを被ったり，家庭そのものが崩壊しないように「②衝撃を最低限に食い止める」ことが必要です。危機後の段階では，家族内外の資源を活用して危機に対処することにより，「③発達の可能性を高める」ことが目標として位置づけられるのです。

2．資源の活用とケースマネジメント

(1) 資源の活用

　資源とは，多義的に使用される用語ですが，本書では家族ストレス研究や危機理論に基づいて「家族がストレスや危機に対処するために活用できるもの」として捉えます。その範囲は，金品・資産・設備等の物理的資源だけでなく，個人の能力，関係性，社会制度，社会的サービスなど，多岐にわたります。とりわけ社会資源という場合には，公的（フォーマルな）機関・施設だけでなく，それらに従事する専門職や，私的（インフォーマルな）関係に基づく親族・友人・ボランティアなどを含みます。

　家族の問題解決を図る場合には，家族内外に存在する資源を見出し，効果的な活用を促すことが基本です。たとえば，家族内の個人的資源としては，親や子どもに備わる能力を最大限に引き出すことが大切です。また，家族集団に備わる資源を活用するためには，夫婦や親子関係に働きかけ，家族内の協力や支えあいを促すことが必要になります。

　これまで各章で繰り返し述べてきましたが，地域に存在する社会資源を活用することも重要です。家族に対して，フォーマル・インフォーマル双方の社会資源について情報を伝え，実際に結びつけたり，資源間の連携を図っていくような調整機能も求められます。

　支援者に求められる態度として，困難な事例に直面した場合に，すぐに他機関につないで責任を回避することは避けなくてはなりません。特定の支援者だけでケースを抱え込む必要はありませんが，他機関・施設を「紹介」「連携する」ことと，ケースを「丸投げする」という意味を混同しないように気をつけるべきです。後者の場合，利用者は「たらい回しされた」というネガティブな感情を強く抱くことがあります。利用者がこのような経験を繰り返すことによって，支援者に対する不信感が増幅されるのです。

(2) ケースマネジメント

「ケースマネジメント（case management）」とは，社会生活を営む上で，長期的・継続的に支援を必要とする人たちに対して，適切な時期に，適切な社会的サービスを，包括的なパッケージとして提供するための方法です[3]。

たとえば，障害児の地域・家庭生活を維持するためには，複数の分野の社会的サービスを必要とします。社会資源の範囲としては，医療・保健・福祉・教育など，同時期に多岐の専門分野にわたる場合も少なくありません。2012年度から障害児支援に導入された「計画相談」は，社会資源の調整機能を担うケースマネジメントの実践化であると見ることができます。

図表39は，障害児支援におけるケースマネジメントの基本的機能を示しています。図表の中央，右側に進む矢印が，ケースマネジメントの支援の流れです。相談を受理し（インテーク），家庭の状況やニーズを把握し（アセスメント），これに基づいて支援計画を作成します（プランニング）。支援計画に沿って各種のサービスを紹介し，結びつけ（リンキング），必要に応じて連絡調整も図ります（コーディネート）。その後，実行された支援の効果を見守りつつ（モニタリング），ニーズに変化がある場合には再びアセスメントを行い，柔軟に支援計画を変更していきます。通常は，このような一連の作業の繰り返しが，ケースマネジメントのプロセスです。

ケースマネジメントは，社会資源の計画的な活用を促し，資源の活用効果を最大限に高めるとともに，支援の継続性を保障するための方法であるといえます。障害児支援においては，福祉サービスの利用に際して計画相談が必須化されましたが，児童相談所や利用者支援事業などの相談支援においても，ケースマネジメントが必要な事例があります。とくに，不適切な養育や虐待のリスクが高い家庭など，継続的な支援が必要な事例に対しては，ケースマネジメントが不可欠であるといえます。

社会資源の調整機能や，そのための方法論としてのケースマネジメントは，利用者の生活圏においてある程度の社会資源が存在していることを前提とします。地域に支援が不足し，利用者が選択するだけの余地がなければ，ケースマ

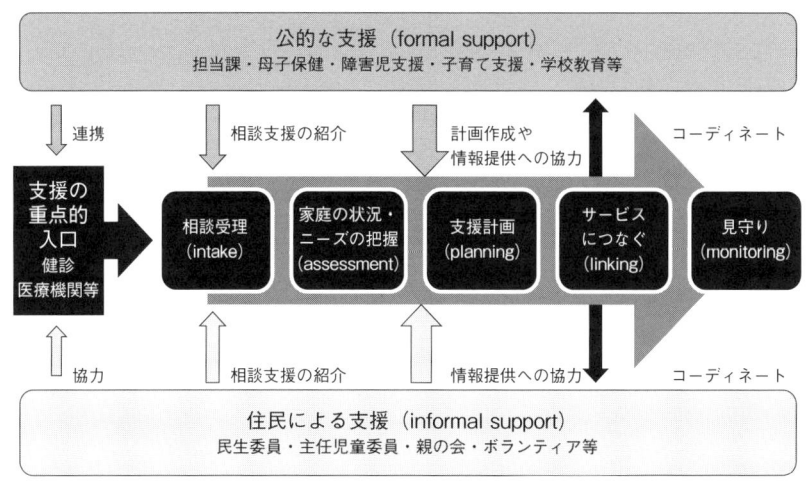

図表39　障害児と家族に対する相談支援の流れ

公的な支援（formal support）
担当課・母子保健・障害児支援・子育て支援・学校教育等

連携　　相談支援の紹介　　計画作成や情報提供への協力　　コーディネート

支援の重点的入口
健診
医療機関等

相談受理（intake）→家庭の状況・ニーズの把握（assessment）→支援計画（planning）→サービスにつなぐ（linking）→見守り（monitoring）

協力　　相談支援の紹介　　情報提供への協力　　コーディネート

住民による支援（informal support）
民生委員・主任児童委員・親の会・ボランティア等

（出典：渡辺顕一郎・田中尚樹（2013）『「気になる子ども」と「気にする先生」への支援―発達障害児のためにコミュニティ・福祉・教育ができること―』，金子書房，p.135.）

ネジメントは"絵に描いた餅"に過ぎません。社会資源が不足する場合には，行政機関や地域に対して働きかけることにより，新たに社会資源をつくりだしていく開発的機能が必要になります。

3．地域のネットワークに基づく包括的な支援

　子育てサークルが横につながり，地域の市民活動や行政，専門機関と連携して活動するのが子育てネットワークです。1990年代後半から2000年代前半に各地で誕生した子育てネットワークの多くは，地域の課題を共有し，様々な子育て支援活動に取り組んできました。

　大豆生田啓友は，子育てネットワークと子育て支援ネットワークは明確に分けられるものではなく，入り組んでいるのが現状であると述べています[4]。また，地域の専門機関・専門職を中心に構成されるフォーマルな連携体制を「支援ネットワーク」と呼ぶ場合もあります。このようにネットワーク概念は多義

的ですが，本書では，支援者同士の連携の基盤となる地域の関係づくりや，個別事例を超えた地域課題の解決のために意図的に形成された人・組織間の相互作用関係をネットワークと呼びます。

保育・子育て支援のみでなく，障害児支援や社会的養護においても，子育て家庭を支えるネットワークの必要性が高まっています。たとえば，「障害者自立支援協議会（子ども部会）」や，児童虐待防止に関する「要保護児童対策地域協議会」など，制度的に都道府県や市町村に対して設置が求められているネットワークもあります。

本来，ネットワークはそれ自体が目的ではなく，個別事例が抱える問題や地域課題の解決を目的とし，そのために用いられる「手段」の1つです。関係者が集まって会合等が開かれることが目的ではなく，そこで問題や課題を共有し，制度の縦割りや専門分野の違い，フォーマル・インフォーマルの壁を超えた包括的な支援へと発展することが大切です。

松岡克尚は，社会福祉実践におけるネットワーク概念の共通性を明示しています[5]。その共通要素の1つに「資源交換性」があり，ネットワークを構成する人々や組織の間の相互作用を通して，問題解決や課題達成のための資源が絶えず交換されることを重視しています。このように，他の人や組織では取り換えのきかない資源を交換しあい，特定の人や組織のみでは成し遂げられない包括的な支援を実現するのがネットワークの意義であると考えます。

第1章でも述べたように，アメリカやカナダでは，1980年代に「ファミリーサポート」（family support）が体系化され，子育て家庭に対する予防的支援が展開されるようになりました。ライトバーンとケンプ（Lightburn, A. & Kemp, S. P.）は，「ファミリーサポートとは，地域をベースとして，家庭に対して包括的なサービスを提供する活動を指す」と述べています[6]。

ウィッスボードとケイガン（Weissbourd, B. & Kagan, S. L.）の研究によれば，北米の家庭支援プログラムについては，以下のように分類することができます[7]。

■親に対する教育や支援のためのグループ

■子どもの発達に焦点を置き，健全な家族関係を促進するような親子の協同活動
■他の家族や専門職員と共に，自由な時間を過ごすことができるようなドロップ・イン・センター
■親が他の活動に従事している間の子どものケアの代行，保育
■地域における子どものケア，保健，栄養管理，カウンセリングに関する情報提供や他機関へのサービス送致
■接近困難な家族を家庭支援プログラムに導入するために行われる家庭訪問
■親に対する保健，栄養講座，幼児や子どもに対する発達診断や健康診断

　日本の場合，児童相談所，保育所，地域子育て支援拠点，保健センターなどによる多様な取り組みがあり，家庭支援を部分的に担うサービスは存在しています。しかし，相互のネットワークを基本とした支援体制が整っているかといえば疑問が残ります。むしろ，バラバラにサービスが点在しており，それらを総合的に捉えきれていないといえるでしょう。

　地域のネットワーク形成は，子育て家庭への支援において社会資源を最大限に活用し，ケースマネジメントを効果的に推進するためにも必要不可欠です。子育て家庭にとって身近な地域をベースに，子育て支援・障害児支援・社会的養護などの領域を超え，母子保健や教育などの隣接領域をも包含する社会資源のネットワーク化を進めることが大切です。

引用・参考文献・注記
1) 新澤誠治（2002）『子育て支援　はじめの一歩』，小学館．
2) Hill, R. (1949) *Families under stress*, Harper and Brothers.
3) 日本の福祉制度では「ケアマネジメント」という呼称のほうが耳馴染みがあるが，介護サービスを主とする「ケア」の管理ではなく，「ケース（個別の事例）」に対する計画的・総合的な支援として捉える観点から，アメリカのソーシャルワークを中心に発展してきた「ケースマネジメント」という用語を使用する．
4) 大豆生田啓友（2006）『50のキーワードでわかる　子育て支援＆子育てネットワーク』，フレーベル館．
5) 松岡克尚（2000）「社会福祉援助における総合ネットワーク概念の検討」『社会福祉

実践理論研究』第9号，日本社会福祉実践理論学会.
6) Lightburn, A. & Kemp, S. P. (1994) Family-support programs: Opportunities for community-based practice. *Families in Society: The Journal of Contemporary Human Services, 75 (1)*, 16-25.
7) Weissbourd, B. & Kagan, S. L. (1989) Family support programs: Catalysts for change. *American Journal of Orthopsychiatry, 59*, 20-31.

おわりに

　子育て支援や障害児支援の政策を協議する会議などに出席すると，研究者や専門職から「親の養育能力が低下してきた」といった趣旨のご意見を耳にすることがあります。だからこそ，親の力量を高めるために家庭支援が必要だというのです。ただし筆者には，このような考え方は一面的で，偏っているように感じられます。仮に親の養育能力が低下してきたとしても，その原因をあらゆる観点から分析し，社会の側にも親の子育てを難しくさせる要因があれば，それを解決しなければなりません。
　第2章でも述べたように，そもそも子育ては家庭内で完結する営みではなく，親族や地域の関与があって成立してきたのです。現代のように核家族が定着し，地域の社会関係も希薄になれば，子育てに困難を抱える家庭が増えるのは必然的だといえます。それでも親に対して「頑張れ」「しっかりして」と激励するのなら，親が困ったときにはいつでも手を差し伸べられる応援体制があることが必要条件です。
　家庭支援については，第1章で「児童福祉分野の各般の問題について，おもに子どもを育てる親への支援を行うことによって，家庭生活の維持・安定を目的とする政策・実践の総称」と定義しました。ただし，筆者が学生にわかりやすく説明するときには，「親の子育てを支えること」だと言います。「親の養育能力を高める」「家庭における子育てを強化する」という意味ではなく，「地域や社会全体で子育てを支える」という意味です。
　そのような捉え方ならば「家庭支援」ではなく「子育て支援」ではないか，というご意見もあるでしょう。まさにその通りだと思います。しかし「子育て支援」が政策的に保育・少子化対策などの一般施策に位置づけられる側面があるのに対して，障害児を養育する家庭には障害児の子育て支援が，児童虐待等

のリスクを抱える家庭には予防的な観点からの子育て支援が必要とされます。つまり家庭支援とは，児童福祉の一般施策，障害児支援，社会的養護といった政策的・行政的な区分を超えて，あらゆる家庭の子育てを支援する視点に立つ考え方です。

　本書は，拙著『子ども家庭福祉の基本と実践──子育て支援・障害児支援・虐待予防を中心に──』（2009年，金子書房）をもとにしていますが，上記のような家庭支援の考え方に重点を置いて新たに執筆し直しました。児童虐待，子どもの貧困，発達障害などへの対策が社会的課題となる中で，現場において子育て家庭に接し，日々の支援に力を注ぐすべての方々に示唆や助言を提示することができれば幸いです。

　また，第1章および第2章の前半は，子育てひろば全国連絡協議会（以下，ひろば全協）の認定資格である「地域子育て支援士」のテキストとして筆者が書き下ろした原稿に，改めて加筆・修正を行ったものとなっています。筆者自身がひろば全協の専門アドバイザーとして同資格の創設に携わってきたこともあり，本書をきっかけにひろば全協の活動や認定資格に関心を持っていただければ幸いです。

　最後になりましたが，筆者が現場で出会ってきた子どもたち，ご家族の方々，調査にご協力いただいた皆様，そして本書の編集をご担当いただいた金子書房の岩城亮太郎氏に心よりお礼申し上げます。

2014年11月

執筆者代表　渡辺顕一郎

● 著者紹介

渡辺 顕一郎（わたなべ けんいちろう）　（1章1節，2節，3節1・2・6　2章1節・2節・3節　3章　4章1節・3節　5章）

日本福祉大学子ども発達学部教授　児童家庭福祉論，家庭支援論

関西学院大学大学院博士課程修了（社会福祉学博士）。
京都国際社会福祉センター，四国学院大学教員を経て2007年より現職。2002年に香川県にて地域の有志の人たちとともにＮＰＯ法人「子育てネットくすくす」を設立。大学教員としての職務の傍ら，地域子育て支援拠点や児童発達支援事業の運営にもかかわってきた。

厚生労働省「社会保障審議会児童部会」委員，同省「障害児支援の在り方に関する検討会」委員，同省「障害児通所支援に関するガイドライン策定検討会」委員，ＮＰＯ法人子育てひろば全国連絡協議会専門アドバイザー。
主な著書に『詳解　地域子育て支援拠点ガイドラインの手引―子ども家庭福祉の制度・実践をふまえて―』（中央法規出版），『「気になる子ども」と「気にする先生」への支援―発達障害児のためにコミュニティ・福祉・教育ができること―』（金子書房）などがある。

金山 美和子（かなやま みわこ）　（1章3節3・4・5　2章4節　4章2節・4節）

長野県短期大学専任講師　保育学，家庭支援論

上越教育大学大学院学校教育研究科幼児教育専攻修了，修士（教育学）。大学卒業後，新潟県内の私立幼稚園に11年間勤務。第2子出産後，子育てネットワーク活動に励みつつ大学院で幼児教育を再び学ぶ。大学院修了後，上越市女性相談員を経て2002年上田女子短期大学専任講師。2007年度より現職。
2004年より上越地域を中心に活動するＮＰＯ法人マミーズ・ネットの理事として地域子育て支援拠点の運営にかかわる。

長野県社会福祉審議会子育て支援専門分科会会長，上田市子ども・子育て会議会長。ＮＰＯ法人子育てひろば全国連絡協議会専門アドバイザー。
主な著書に『地方発みんなでつくる子育て支援―上越市マミーズ・ネットの挑戦』（子どもの未来社），『詳解　地域子育て支援拠点ガイドラインの手引―子ども家庭福祉の制度・実践をふまえて―』（中央法規出版）などがある。

家庭支援の理論と方法
――保育・子育て・障害児支援・虐待予防を中心に

2015年4月20日　初版第1刷発行　　　　　　　　〔検印省略〕
2017年2月28日　初版第2刷発行

著　者	渡　辺　顕一郎
	金　山　美和子

発行者　　金　子　紀　子

発行所　　株式会社　金　子　書　房
〒112-0012　東京都文京区大塚3―3―7
電　話　03（3941）0111〔代〕
FAX　03（3941）0163
振　替　00180-9-103376
URL http://www.kanekoshobo.co.jp

印　刷　藤原印刷株式会社
製　本　株式会社宮製本所

© Kenichiro Watanabe, Miwako Kanayama, 2015
Printed in Japan
ISBN 978-4-7608-2394-9　C3036